wOrt
ABC

Lernbereiche

Lesen

Sprechen

Texte verfassen

Sprache untersuchen

Rechtschreiben

Aufgaben

Aufgabenkennzeichnung nach den
Anforderungsbereichen der KMK-Bildungsstandards

1 wiedergeben, ausführen, abschreiben

2 überlegen, anwenden, üben

3 weiterführen, Ideen und Lösungen entwickeln, begründen

Basisaufgaben zum Erreichen der Kompetenzerwartungen

Wahlaufgabe — Differenzierung

Aufgabe zum Schreiben

Arbeit von zwei Partnerkindern

TINTO

Basisbuch
Sprache • Lesen
2

grün

von
Dr. Rüdiger Urbanek
Linda Anders
Ursula Brinkmann
Doris Frickemeier
Irmgard Mai
Gabriele Müller

illustriert von
Eva Czerwenka, Christian und Fabian Jeremies,
Tobias Krejtschi, Katrina Lange, Vera Schmidt

Cornelsen

Inhalt

Die Schule beginnt

Schule

Die Ferien sind vorbei

Ich habe meine Oma in der Türkei besucht.

Fatma

Wir haben Seehunde gesehen, mindestens eine Million.

Lena

Das Tollste in meinen Ferien war unser Besuch im Zoo.

Tim

Ich bin zu meinem Onkel nach Nigeria geflogen.

Jonas

1 Lies die Texte.

2 Welches Kind übertreibt?

3 Findet die vier Kinder auf dem Bild auf Seite 4/5. Was machen sie da?

Erzähle von deinen Ferien.

Stifte

Ich habe ein ganz tolles Mäppchen*. Am besten gefallen mir meine Bleistifte. Ich habe einen grünen Papageienbleistift und einen schwarzen Gespensterbleistift.

* Mäppchen = Etui

So schöne Bleistifte kann man einfach nicht kurzschreiben, finde ich. Deshalb habe ich mir immer einen Bleistift von Timo geborgt.

Aber dann hat Mama mir noch einen Bleistift gekauft. Einen ganz normalen roten. Um den ist es nicht schade und ich kann endlich schreiben, so viel ich will.

Frauke Nahrgang

1. Lies die Geschichte.
2. Welche Bleistifte kommen in der Geschichte vor? Schreibe die Buchstaben auf.
3. Welchen Stift kauft Mama?

Male deinen Lieblingsstift.

Klassengespräch

1 Lies die Sprechblasen. Was passiert hier?

2 Was können die Kinder besser machen?

Es kann immer nur einer sprechen.

Sprich ganz schnell und leise.

Sieh deinen Gesprächspartner an.

Höre den anderen genau zu.

3 Welche Regel ist unsinnig? Wie muss sie richtig heißen?

Schreibe alle vier Regeln richtig auf.

Meine Klasse

In unsere Klasse gehen 26 Kinder. Wir sind 12 Mädchen und 14 Jungen. Unsere Lehrerin ist Frau Hansmann.

Im Regal am Fenster gibt es viele tolle Bücher. Auf zwei Tischen stehen unsere Computer. An denen mache ich gerne Rechenspiele.

Mika hat einen eigenen Computer. Der macht für ihn die Schrift groß, sonst kann er sie nicht lesen.

1 Lies den Text.

2 Erzähle, was du in der Schule gerne machst.

3 Schreibe einen Text über deine Klasse und dich. → **Tipp**

Male ein Bild zu deinem Text.

Tipp

- Wie ist deine Klasse eingerichtet?
- Was machst du gerne in der Schule?
- Kannst du etwas Besonderes von dir oder deiner Klasse berichten?

Auf dem Schulhof

Lehrerin
Katze
Busch
Mädchen
Baum
Junge
Ball
Rutsche
Eichhörnchen
Blume
Vogel
Schaukel

1 Suche die Nomen auf dem Bild.

2 Ordne die Nomen aus Aufgabe 1. Schreibe zuerst die Nomen für Menschen, dann für Tiere, dann für Pflanzen, dann für Dinge:

Menschen: Lehrerin, …
Tiere: …
Pflanzen: …
Dinge: …

Finde selbst acht Nomen: zwei für Menschen, zwei für Tiere, zwei für Pflanzen, zwei für Dinge.

Merksatz

Menschen haben einen Namen. Tiere, Pflanzen und Dinge auch.
Diese Wörter nennt man Nomen (Substantive).
Man schreibt sie groß: **Lehrerin, Katze, Blume, Ball**

9, 127

An der Ampel

Auf dem Weg zur  kommt  an eine .

An der  ist ein .

 drückt auf den .

Er sieht: Das  bleibt stehen.

Nun können  und die anderen 

über die 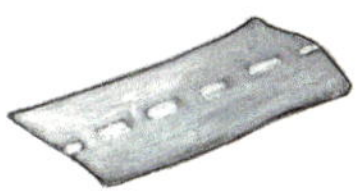 gehen.

1 Lies den Text.

2 Welches Nomen im Text meint nicht eines, sondern mehrere?

Weg • Schule • Ampel
Knopf • Auto • Kind • Straße

Kinder • Wege • Ampeln • Autos
Knöpfe • Schulen • Straßen

3 Finde zu jedem Nomen die Mehrzahl:
ein Weg – mehrere Wege, eine Schule – …

Merksatz

Nomen gibt es in der Einzahl und in der Mehrzahl:
ein Kind – mehrere Kinder, ein Auto – mehrere Autos

Viel zu schleppen

Liebe Katja,
meine Schultasche ist schwer.
Drei Bücher sind darin
und vier Hefte und ein Ordner.
Und immer gibt mir
meine Mutter einen Apfel mit.
Tim

Lieber tim,
frag doch deine lehrerin, ob du nicht
den ordner in der schule lassen kannst.
Dann wird deine tasche leichter und
du kannst deinen dino mitnehmen.
katja

1 Schreibe alle Nomen aus Tims E-Mail ab.
Schreibe sie groß.

2 Der Computer hat viele Wörter in Katjas E-Mail
rot unterschlängelt. Warum?
Schreibe die Wörter richtig auf.

Schreibe den Text von Katja richtig auf.

Schulkinder 𝄞

A B C D E F G

alle Kinder, die ich seh

H I J K L M N

und die ich mit Namen kenn,

O P Qu R S T U

winken mir voll Freude zu,

V W X Y Z

denn sie finden mich so nett.

1 Lerne das ABC-Lied auswendig.

2 Sprecht den Text zu zweit: einer das ABC, der andere die Wörter. Betont die markierten Wörter.

HIJLMN • BCDEFG • OPQuRSU • VWXY • ABCDFG

3 Vergleiche genau mit dem ABC-Lied. Die fehlenden Buchstaben ergeben ein Wort.

4 Finde mindestens zehn Wörter in der Wörterliste, die mit den Selbstlauten A, E, I, O oder U beginnen.

Merksatz

Die Buchstaben **A, E, I, O** und **U** nennt man Selbstlaute (Vokale).
Alle anderen Buchstaben nennt man Mitlaute (Konsonanten).

12, 137

Richtig abschreiben

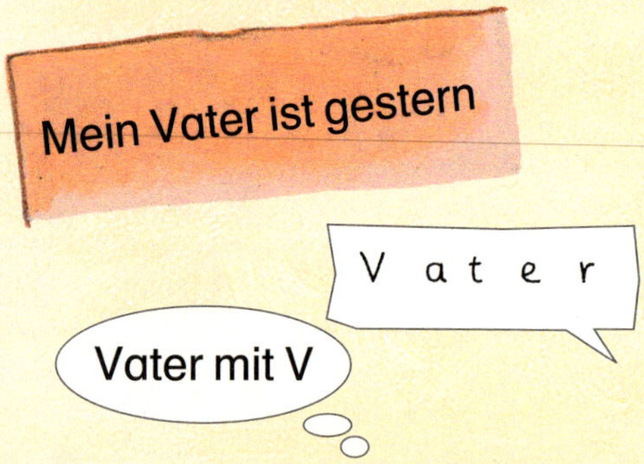

Lies das Wort.

Flüstere es so,
dass du jeden Laut hörst.

Merke dir schwierige Stellen.

Decke das Wort zu
oder sieh nicht mehr hin.

Schreibe es auf und
flüstere mit.

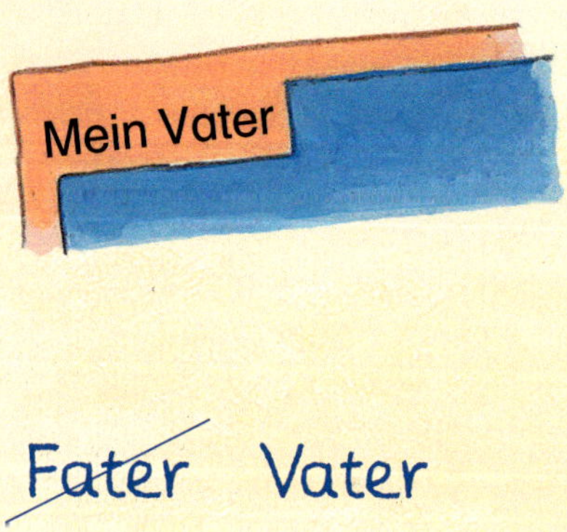

Kontrolliere: Vergleiche
dein Wort mit der Vorlage.

Richtig? Super!

Falsch? Berichtige es.

Bücher in unserer Klasse

Wir haben zwölf Bilderbücher.

In denen lese ich manchmal.

Oder ich schaue mir nur die Bilder an.

Ich möchte später auch ein Buch schreiben.

1 Schreibe die roten Wörter ab.
Unterstreiche schwierige Stellen.

2 Suche dir eine Zeile aus und schreibe sie ab.
Probiere aus, wie viele Wörter du dir merken kannst.

3 Kontrolliere: Vergleiche Wort für Wort mit der Vorlage.

4 Schreibe den ganzen Text ab.
Lasse immer eine Zeile frei: Wir …

5 Kontrolliere: Vergleiche mit der Vorlage.
Streiche das Fehlerwort durch.
Schreibe über jedes Fehlerwort das richtige.

zwölf
Wir haben ~~zwöf~~ Bilderbücher.

denen
In ~~den~~ lese ich manchmal.

Du willst einen Text überprüfen?
Dann lies ihn Wort für Wort
von hinten nach vorn. Warum?
Beim Rückwärtslesen musst du
viel genauer hinschauen.
So fallen die Fehler mehr auf.

Suche selbst einen Textabschnitt
in einem Buch und schreibe ihn ab. Kontrolliere.

Rechtschreibtraining

Tim holt ein Heft und ein Buch aus seiner Tasche.
Auch eine Blume und einen Kaktus?
Nein, aber den Kater Tinto.

Nomen

Übungswörter

Tim
das Heft
das Buch
die Tasche
die Blume
der Kaktus
der Kater
Tinto

1. Schreibe zu jedem Bild das passende Nomen.
Markiere den großen Anfangsbuchstaben:
Gabel, ...

2. Unterstreiche alle Nomen für Dinge: Gabel, ...

Nomen großschreiben

3. Schreibe die Nomen in der Wörterschlange getrennt auf.
Denke an den großen Anfangsbuchstaben: Schule, ...

Einzahl und Mehrzahl

Zitrone • Katze • Kerze • Raupe • Blume • Giraffe • Torte

1 Finde zu jedem Einzahlwort das Mehrzahlwort:
eine Zitrone – mehrere Zitronen, …

Brote • Fische • Jacken • Bananen • Autos • Kinder

2 Finde zu jedem Mehrzahlwort das passende Einzahlwort:
mehrere Brote – ein Brot, …

Das ABC

3 Welche vier Tiernamen beginnen mit einem Selbstlaut?
Schreibe sie auf: Ameise, …

1. Banane • Apfel • Orange • Kirsche
2. Lastwagen • Motor • Auto • Bus
3. Tisch • Bett • Regal • Kleiderschrank

4 Ordne die Wörter in jeder Zeile nach dem ABC: 1. Apfel, …

Auf dem Markt

RIMINI
MAROKKOMARKT
OLIVEN
BLÜTENHONIG
DIE WABE
Birnen
Kohlrabi 1,-
Kopfsalat 1,50
Gurken
Zucchini
Tomaten kg € 2,50

Gemüsesuppe

Frau Schröder hat eine Überraschung für die 2 b: „Wir wollen Gemüsesuppe kochen. Morgen gehen wir auf den Markt.“ Alle rufen durcheinander: „Klasse!“ „Wann gehen wir los?“ „Dürfen wir Geld mitnehmen?“ „Langsam! Jetzt überlegen wir erst einmal, was alles in unsere Suppe soll.“ Alle Kinder melden sich und rufen: „Blumenkohl!“„Kartoffeln!“„Bohnen!“„Äpfel!“ „Kohlrabi!“„Erbsen!“„Birnen!“„Möhren!“„Pflaumen!“ „Ich glaube, einige Kinder möchten lieber Obstsalat machen“, lacht Frau Schröder.

1. Lies den Text.

Die Lehrerin heißt Frau Schmidt.
Die Lehrerin heißt Frau Schröder.
Die Klasse geht zum Markt.
Die Klasse geht in den Supermarkt.
Ein Kind ruft: „Bananen!“
Ein Kind ruft: „Birnen!“

2. Lies die Sätze: Nur drei sind richtig. Schreibe sie ab. Denke an die Tipps von Seite 14.

Frau Schröder denkt, dass einige Kinder lieber Obstsalat machen möchten. Warum?

15, 116

 salat

Bei der Picknickpause in Pappelhusen
aß Papa mit Paul zwei  .
Doch bei dem  gebabbel
purzelte plötzlich der Paul von der Pappel
mit dem Popo in Papas Picknickplatte,
wo Papa die  hatte.

„O Paul“, schrie Papa, „du bist ein Trampel!
Plumpst mitten in meine Musepampel –
ich wollte sagen: in die Mampelpuse –
nein: Pumpelmase – nein:  !!“

Das gab vielleicht ein Hallo!
Die Pappeln, der Papa, der Paul und sein Po,
das Picknick, die Platte (um die war es schad') –
das war ein  salat!

Hans Adolf Halbey

Mandarine

Pampelmuse

1. Lies das Gedicht. Von welchem Obst handelt es?
Kennst du noch einen anderen Namen dafür?

2. Übe, gut vorzulesen: eine Strophe **oder** das ganze Gedicht.
Sprich alle P besonders deutlich.

Schreibe die erste Strophe **oder** das ganze Gedicht ab.
Gestalte ein schönes Schmuckblatt.

Marktstände

1. Lies, was die Personen sagen.
2. Überlegt euch passende Antworten. Übt die Szene und spielt sie vor.
3. Schreibe mindestens eine Frage mit der passenden Antwort auf.

Denkt euch eigene Markt-Szenen aus und spielt sie vor. Was könnte noch passieren?

Obstspieße

Du brauchst:

- 1 Banane
- 1 Apfel
- 1 Birne
- einige Trauben

- 1 Brettchen
- 1 kleines Messer
- Holzspieße

So wird es gemacht:

- Trauben, Apfel und Birne waschen
- Banane schälen
- alle Früchte in kleine Stücke schneiden
- Fruchtstücke abwechselnd auf Holzspieße stecken

1 Lies den Text. Schreibe ab, was man für Obstspieße braucht: 1 Banane, …

Auch ihr könnt Obstspieße zubereiten. Besprecht, was jeder mitbringt.

2 Schreibe auf, wie ihr Obstspieße herstellt: Wir waschen …

Der Käsewagen

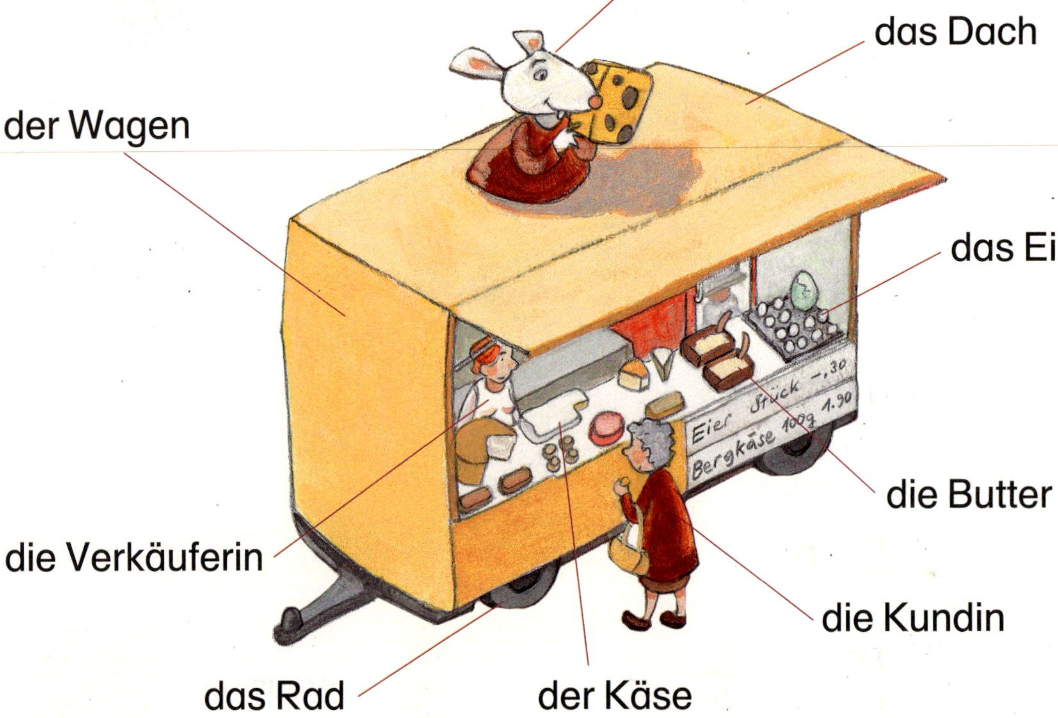

1 Ordne die Nomen nach ihren Artikeln:

der Wagen, …
die …
das …

2 Suche auf dem Bild auf Seite 18/19 zu jedem Artikel mindestens zwei Wörter. Markiere die Artikel:

der Tisch,
die …
das …

Merksatz

Nomen können Artikel (Begleiter) haben:
der Käse, **die** Butter, **das** Ei

Markthändler

Auf dem Markt ist viel los.

Die Händler preisen ihre Waren an.

Alle wollen etwas verkaufen.

1 Schreibe die Sätze ab.
Markiere die großen Buchstaben am Satzanfang.
Schreibe die Punkte am Satzende rot: Auf dem Markt …

2 Schreibe mindestens fünf Sätze.
Benutze für jeden Satz alle drei Kisten:
Die Kartoffel schmeckt gut. …

Schreibe mindestens drei Sätze zum Bild auf Seite 18/19:
Beim Fischwagen Fritz gibt es …

Merksatz

Das erste Wort in einem Satz schreiben wir groß.
Am Satzende steht oft ein Punkt:
Auf dem Markt ist viel los.

Leckere Waffeln

An einem Marktstand verkauft
Back-Betti ihre Backwaren.
Es gibt Brote, Brötchen und Kuchen.
Auf einem großen Teller liegen Zimtkringel.
Tim kann sich nicht entscheiden.
Seine Mutter sagt: „Es riecht so lecker,
lass uns eine Waffel kaufen."

1 Finde im Text alle Wörter mit der Endung el, en oder er:
Backwar<u>en</u>, ...

der Kuch	der Apf	die Leit
das Brötch	die Zwieb	der Tell
der Of	die Taf	die Mutt
das Kiss	die Waff	der Händl

2 Bilde Wörter mit den Endungen el, en und er.
Schreibe die Wörter und markiere die Endungen:
der Kuch<u>en</u>, ...

Finde Reimwörter mit den Endungen en und er:
laufen – kaufen, ...

Am Ende eines Wortes hörst du oft ein a.
Schreiben musst du meistens ein er.

Am Blumenstand

Morgens baut Kati Sander ihren Stand auf.
Sie holt alle Blumen aus ihrem Auto
und stellt sie schnell ins Wasser.
Die Stängel der Rosen schneidet sie
frisch an. Sie haben spitze Stacheln,
da kann man sich leicht stechen.
Nun noch die Schalen mit Stiefmütterchen.
Da kommt schon ein Kunde.

1 Suche im Text alle Wörter, die mit Sp oder sp, mit St oder st und mit Sch oder sch beginnen: Stand, …

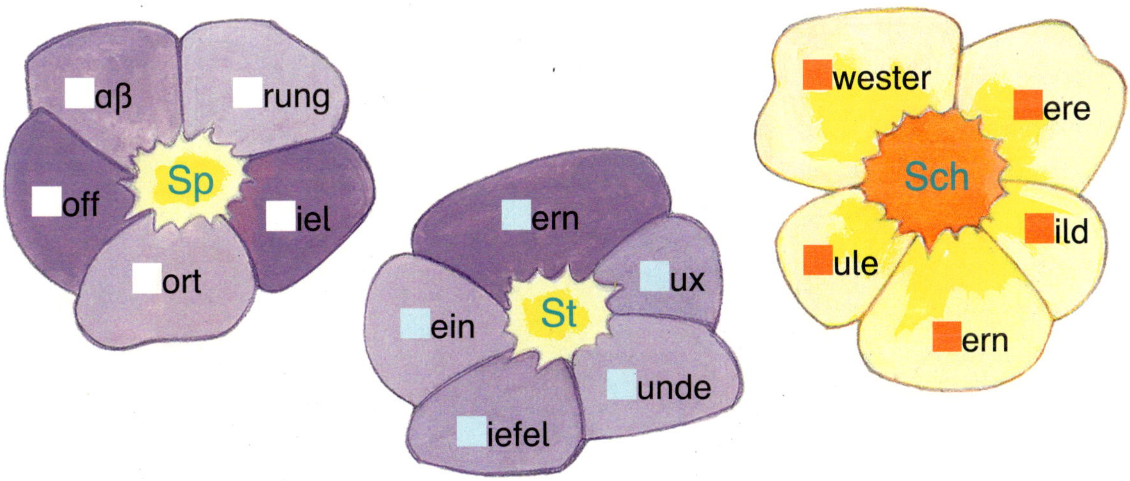

2 Bilde Wörter. Schreibe die Wörter aus jeder Blume auf.
Achtung! In jeder Blume versteckt sich ein Quatschwort:
Sp: Spaß, …

3 Finde zu jedem Wortanfang in den Blüten noch zwei weitere Wörter.
Oder: Schreibe mit einem Wort aus jeder Blüte einen Satz.

Rechtschreibtraining

Jonas kauft saftige Äpfel, frischen Spinat und Schlangengurken. Tina kauft Eier. Sie staunt: Die Eier sind gar nicht teuer.

Wörter mit el, en und er

lesen	besser	tragen
B	M	fr

Mutter	laufen	Schnabel
B	k	G

Übungswörter

die Äpfel
der Spinat
die Schlangen
die Gurken
die Eier
staunen
sie staunt
teuer

1 Bilde Reimwörter und schreibe sie auf:
lesen – Besen, …

Großschreibung am Satzanfang

er	spielt	vor der Schule
sie	sitzt	in der Klasse
Tim	wartet	neben mir
Lena		im Zimmer
		beim Zahnarzt

2 Bilde Sätze. Schreibe die Satzanfänge groß.
Setze Punkte: *Er sitzt neben mir. …*

Bestimmte Artikel

der	die	das
Kuchen	Banane	Brot
Junge	Mutter	Kind
Vater	Frau	Tier
Hund	Katze	Auto

1 Schreibe die Nomen aus der Tabelle mit den Artikeln auf:
der Kuchen, der …

2 Finde zu jedem Artikel noch zwei Nomen.

Wörter mit sp, st und sch

Fatma geht gern in die ule.
Ihr liebstes Fach ist ort.
Auch am Nachmittag geht sie
oft und gerne Fußball ielen.
„Fatma ist die beste ürmerin“,
sagt ihr Bruder. Er ist olz
auf seine wester.

3 Schreibe den Text vollständig auf.
Schreibe alle Nomen groß:
Fatma geht gern in die Schule. …

Meine Familie

5
RAKOTTE

Wie soll ich sagen

Ich fühl mich einfach
bloody good,
wie soll ich sagen,
ich fühl mich
wie der Robin Hood,
wie soll ich sagen,
so cool, nein hot,
but anyway.

Nina findet mich total,
wie soll ich sagen,
gewissermaßen kolossal
und rundherum
okay.

Jürg Schubiger

Kennst du dieses Gefühl?
Bei welcher Gelegenheit
hast du es gespürt?

Heute schieße ich mich auf den Mond

Heute schieße ich mich auf den Mond.
Eigentlich wollte meine Mutter es tun. Sie hat gesagt:
Am liebsten würde ich dich auf den Mond schießen.
Also bin ich hoch in mein Zimmer gerannt
und habe ein Hemd und ein paar Socken
in meinen Koffer gepackt und gewartet.
Auf dem Mond ist es sicher schöner als am Tisch.
Aber meine Mutter ist nicht gekommen.

Am Tisch bin ich nicht so gerne gesehen.
Ich esse falsch, ich trinke falsch,
und wenn ich nicht esse und trinke,
ist es auch falsch.
Und am Tisch sitzt mein Bruder.

Während ich alles falsch mache,
spricht er ohne Ton nur mit den Lippen.
Er sagt fiese Worte. Aber die hört niemand.
Außer mir.

Ich muss dann vor Wut sein Brot vom Teller wischen
oder ihm sein Saftglas über die Hose schütten.
Meine Wut sieht dann jeder. Meine Mutter und genauso
mein Vater. Mein Bruder heult extra wie verrückt,
obwohl er älter ist als ich. Und schon muss ich auf den Mond.

Oliver Scherz

Was tust du,
wenn du wütend bist?

Papa kocht

Mama ist nicht da. Papa muss kochen. „Toll“, sagt Papa. „Was kochen wir?“ „Wir kochen Nudeln“, sagt Max. „Nudeln sind lecker!“ Max sucht Nudeln. Nudeln sind nicht da. Max findet Reis. „Wir kochen Reis“, sagt Julia. „Reis ist lecker! Mit Pilzen.“ Julia sucht Pilze. Pilze sind nicht da. Julia findet Erbsen. „Wir kochen Reis mit Erbsen“, sagt Papa. „Das ist lecker! Reis mit Erbsen und Ei.“

Papa sucht Eier. Eier sind nicht da. Papa findet Käse. „Toll!“, sagt Papa. Papa kocht den Reis. Papa wärmt die Erbsen. Papa reibt den Käse. Dann essen alle drei Reis mit Erbsen und Käse. Lecker, lecker, lecker!

Ute Andresen

1 Lies die Geschichte. Wer kocht bei euch zu Hause?

2 Woraus kochen Julia, Max und Papa das Essen? Schreibe die Zutaten auf.

Was ist dein Lieblingsessen? Finde heraus, welche Zutaten man dafür braucht.

Besuch aus England

In Lenas Nachbarhaus ist ein Junge aus England zu Besuch. Draußen treffen sich die Kinder. Gut, dass Lena einige Wörter auf Englisch sagen kann.

1. Lass dir das Gespräch von deiner Lehrerin vorlesen.
2. Versuche herauszufinden, was die Kinder sagen. Warum sind manche Wörter einfach zu verstehen?
3. Wie heißen die markierten Äußerungen in anderen Sprachen? Finde einige Beispiele.

Simone soll helfen

Heute ist Samstag. Nach dem Aufwachen liest Simone in ihrem neuen Buch. Im warmen Bett liegen und lesen findet Simone wunderschön. Aber irgendwann treibt sie der Hunger aus dem Bett.

Als sie gefrühstückt hat und fertig angezogen ist, sagt Mama: „Du könntest mir ein bisschen helfen.“ Obwohl Simone gesunde Ohren hat, hört sie solche Sätze nie. Sie geht zur Tür. „Hast du nicht gehört?“, fragt Mama. „Was?“ „Ich habe gesagt, du könntest mir ein bisschen helfen.“ Jetzt kann Simone nicht mehr weghören. „Ich ... äh ... ich muss ... noch Schulaufgaben machen“, sagt sie. „Am Samstag?“ Mama wundert sich.

Manfred Mai

1 Lest den Text.

2 Was denkt ihr über die Antwort von Simone?

3 Überlegt, wie das Gespräch weitergehen könnte.

Schreibt auf, wie das Gespräch weitergeht.
Oder: Spielt das Gespräch als Rollenspiel.

Das bin ich

Ich heiße Lena. Ich habe blonde Locken und ich kenne mich gut mit Hunden aus. Unser Hund heißt Leo. Außerdem habe ich einen kleinen Bruder und Mama bekommt noch ein Baby. Darauf freue ich mich schon. Abends im Bett lese ich gerne.

Eine Sache mag ich nicht. Ich kann nicht leiden, wenn mein Frühstücksei am Sonntag zu weich ist.

1. Lies den Text von Lena.

2. Schreibe auch einen Text über dich. Du kannst ein Bild von dir dazu malen oder ein Foto aufkleben. → **Tipp**

Macht eine Ausstellung mit euren Texten.

Tipp

- Wie alt bist du?
- Was tust du gerne?
- Was magst du überhaupt nicht?
- Was ist dein Lieblingsessen?

28

Tims Kater Tinto

Tim und Fatma wohnen im selben Haus.

Tinto ist Tims Kater. Fatma spielt oft mit Tinto.

Am liebsten jagt er hinter einem Wollknäuel her.

Aber wo steckt er bloß heute?

Tim sucht seinen Kater in der ganzen Wohnung.

Ist er vielleicht bei Fatma?

1. Lies den Text Satz für Satz.
   Mache nach jedem Satz eine Pause.
2. Aussagesätze erzählen, was geschieht.
   Findet im Text die fünf Aussagesätze.
3. Schreibe nur die Aussagesätze ab.
   Schreibe die Punkte am Satzende rot.

Wie könnte man die beiden anderen Sätze nennen?

Merksatz

Aussagesätze erzählen, was geschieht.
Am Ende eines Aussagesatzes steht ein Punkt:
Tinto ist Tims Kater.

Alte Fotos

Kommt, lasst uns Fotos anschauen!

Wann wurden die Fotos gemacht?

Super, euer Auto ✱

Wie alt warst du auf dem Foto ✱

Vorsicht, die Fotos sind empfindlich ✱

Ist das Papa, als er klein war ✱

1. Lies die Sätze.
2. Lest die Sätze mit der richtigen Betonung.
   Ist es eine Frage oder ein Ausruf?
3. Schreibe die Sätze auf.
   Setze am Satzende **?** oder **!**
4. Denke dir mindestens eine Frage
   und einen Ausruf aus.

Merksatz

Am Ende einer Frage steht ein Fragezeichen.
Nach einem Ausruf kann ein Ausrufezeichen stehen:
Wann wurden die Fotos gemacht?
Super, euer Auto!

Laut und leise

Lena übt fleißig auf ihrer Geige. Sie schaut genau auf ihre Noten. Dann spielt sie das Lied einmal laut und einmal leise.

Da kommt Opa ins Zimmer. „Das klingt so schön“, sagt er. „Ich staune, wie du das kannst.“

„Geht ganz einfach“, meint Lena und spielt das Lied gleich noch zweimal ohne Pause. Opa pfeift mit. Da müssen beide lachen.

1. Lies den Text.

2. Schreibe den ersten Absatz **oder** den ganzen Text ab.
   Markiere ei und au in zwei Farben:
   Lena übt fl<u>ei</u>ßig <u>au</u>f ...

Suche in der Wörterliste mindestens fünf Wörter mit au und fünf Wörter mit ei.

Das Lexikon-Jux-Spiel

Familie Merx spielt im Wohnzimmer ein Jux-Spiel. Alexandra hat extra ein dickes Lexikon geholt und Papa hat für alle leckere Getränke gemixt. „Mmm, schmeckt das lecker!“, lobt Felix seinen Vater. Alexandra sucht ein fremdes Wort aus dem Lexikon. Sie schreibt es auf einen Zettel und fragt: „Was denkt ihr, ist ein Axolotl? Ist es

- eine Axt zum Holzspalten,
- ein Salamander aus Mexiko oder
- ein Mundschutz für einen Boxer?“

„Verflixt“, murmelt Papa, „das Wort kenne ich nicht.“ Da ruft Felix fix: „Es ist ein Salamander!“ „Du Schlauberger“, antwortet Alexandra und gibt ihm den Zettel mit dem Wort. „Da hast du richtig geraten. Der Axolotl lebt in Mexiko im Xochimilcosee.“

1 Lies den Text. Suche alle Wörter mit x heraus. Schreibe sie auf. Markiere das x: Lexikon-Jux-Spiel, ...

2 Suche noch mehr Wörter mit x und schreibe sie auf. Sieh auch in der Wörterliste oder in einem Wörterbuch nach.

Ihr könnt das Spiel auch spielen. Ihr braucht dazu nur Zettel und ein Lexikon mit vielen fremden Wörtern. Viel Spaß!

32

Rechtschreibtraining

Tim möchte feine Bananenmilch machen.
Verflixt, die Milch ist sauer. Er schaut in die Einkaufstasche.
Mama hat extra Milch gekauft. Tim mixt Milch mit reifen Bananen.

Übungswörter

- fein
- verflixt
- sauer
- schauen
- er schaut
- kaufen
- gekauft
- der Einkauf
- extra
- mixen
- er mixt
- reif

Wörter mit x

Felix spielt ein Lied auf dem ___.
Lenas Vater spaltet Holz mit einer ___.
Mark fährt zum Bahnhof mit einem ___.
Johanna verkleidet sich gern als ___.
Oliver rührt den Kuchenteig mit einem ___.

Axt • Xylofon • Hexe • Mixer • Taxi

1 Schreibe die Sätze auf.
Ergänze die fehlenden Wörter.
Markiere alle x.

Wörter mit au und ei

Haus	Schauer	laufen
M___	M___	k___

Pfeife	Reim	weinen
S___	K___	sch___

2 Bilde Reimwörter und schreibe sie auf.

Aussagesätze

Johanna und Svenja gehen einkaufen an der Kasse müssen die beiden lange warten dort liegen in den Regalen Bonbons, Schokoriegel und Feuerzeuge Svenja hat plötzlich großen Appetit auf Süßigkeiten

1 Lies den Text. Mache dort Pausen, wo etwas Neues beginnt.

2 Schreibe den Text ab. Setze dabei Punkte. Schreibe die Satzanfänge groß. Insgesamt sind es vier Sätze.

3 Schreibe noch einen Aussagesatz dazu.

Fragen und Ausrufesätze

Ist es warm draußen

Hilfe, es brennt

Wann hast du Geburtstag

Achtung, fertig, los

Hol schnell deine Jacke

Hast du meinen Bleistift gesehen

4 Schreibe die Sätze auf. Ergänze am Satzende ein Fragezeichen oder ein Ausrufezeichen.

In der Bücherei

Erstes Lesealter
CD
DVD
Spiele
LABYRINTH
Der gestiefelte Kater
Roald Dahl
Sophiechen und der Riese
Hexe Lilli
Familie
Märchen
Lustiges
Gruseliges
Wir sind da für euch
Mo-Fr 9-18 Uhr
Sa 10-16 Uhr

In der Geisterbibliothek

Bo war früh ins Bett gegangen.
Sie wollte noch eine Weile lesen.
Die Hexengeschichte war toll.
Plötzlich ging das Licht aus.
Schatten kamen näher.
Eine feuchte Hand
schnappte nach Bos Buch.
Aber sie ließ es nicht los.
Bevor sie wusste, wie ihr geschah,
befand sich Bo in der Geisterbibliothek
mitten in einer Geisterschar.

„Ihr wollt mein Buch stehlen",
sagte Bo wütend. „Oh, nein.
Wir wollen nur eine Geschichte hören."
Die Geister setzten sich in die Regale
ihrer Bibliothek. Bo begann vorzulesen:
„In einer düsteren Höhle lebte eine Hexe,
die hatte so fürchterliche Stinkfüße,
dass ihre Katze eine Wäscheklammer
auf der Nase trug …"

David Melling

Wie kommst du
an interessante Bücher?

Fred und die Bücherkiste

Fred hatte auf dem Dachboden eine Kiste mit alten Büchern gefunden. Buch Nummer eins spielte im hohen Norden. Gefährliche Tiere schlichen von Baum zu Baum. „Langweilig“, sagte Fred, „Tiergeschichten habe ich noch nie gemocht.“ Also nahm er Buch Nummer zwei aus der Kiste. „Aha, ein Krimi.“ Gleich im ersten Kapitel wurde es richtig spannend. Aber bald hatte Fred genug und legte Buch Nummer zwei beiseite.

Ein Polarforscher hatte in Buch Nummer drei seine vielen Abenteuer aufgeschrieben. Es gab Schneestürme, Hundeschlitten und Eisbären. Aber trotzdem war Fred unzufrieden. Denn warum nahm der Forscher alle diese Anstrengungen auf sich? Nur um den Nordpol zu finden! „Und der liegt auf dem Globus ganz oben, das weiß doch jeder!“

Auch Buch Nummer 4, 5, 6 und 7 gefielen Fred nicht. Buch Nummer acht war ein spannendes Märchenbuch. Aber als Fred dann unbedingt wissen wollte, wie es weitergehen würde, hörte die Geschichte auf, weil der kleine Junge alles nur geträumt hatte! Fred konnte es nicht fassen. Alles nur geträumt! „Nein, danke“, sagte Fred. „Jetzt reicht’s! Schluss, aus, Ende. Das war’s.“

nach Ole Könnecke

Welche Bücher liest du gerne? Bringe dein Lieblingsbuch mit und erzähle davon.

Die Bücherhasen

1

2

3

4

5

6

1 Schaut euch die Bilder von 1 bis 6 an.

2 Versucht zu erzählen,
was in der Geschichte passiert.

A Ernest fand ein Buch und nahm es mit nach Hause.
Sein kleiner Bruder Viktor wollte sich gleich darauf stürzen.
„Pfoten weg!“, protestierte Ernest. „Bücher verdienen Respekt.“

B „Und für was sind sie gut?“, wollte Viktor wissen.
„Bücher sind zum Lesen da“, erklärte Ernest.
Die beiden setzten sich hin und schlugen das Buch auf.

C Erst als sich der Fuchs auf sie stürzte, bemerkten sie
ihre verzweifelte Lage. Schnell griff Ernest nach dem Buch
und knallte es dem Fuchs mit aller Wucht auf den Schädel.

D In diesem Moment tauchte ein Fuchs
am Eingang des Hasenbaus auf.

E Um ihm den Rest zu geben, stopfte Ernest
ihm das Buch in den offenen Rachen.

F Der Fuchs machte sich aus dem Staub.
Die beiden Brüder waren gerettet. „Siehst du“,
sagte Ernest, „Bücher sind etwas sehr Nützliches.“

Claude Boujon

1 Lies die Textabschnitte von A bis F.

2 Ordne den Bildern die Textabschnitte zu: 1 A, …
Achtung! Zwei Textabschnitte sind vertauscht.

Was wird der Fuchs wohl mit dem Buch machen?

35, 119

Besuch in der Bücherei

Guten Tag.

Was kann ich hier ausleihen?

Du kannst Bücher, Zeitschriften, Spiele und CDs ausleihen.

Wie melde ich mich an?

Du füllst ein Anmelde-Formular aus und lässt es von deinen Eltern unterschreiben. Dann bekommst du einen Ausweis.

Wie lange kann ich die Bücher ausleihen?

Bücher darfst du vier Wochen behalten, alles andere zwei Wochen.

Was kostet das Ausleihen?

Das ist kostenlos.

Danke schön.

1. Lies das Gespräch.
2. Was fehlt am Anfang und am Ende des Gesprächs? Überlegt gemeinsam.
3. Schreibe die fehlenden Sätze auf:
   Fatma: …, Bibliothekarin: …

Warum?

1 Lies die Zebra-Seite.

Warum haben die Löwen Mähnen?
Warum weinen die Krokodile?
Warum lachen die Hyänen?
Warum gähnen die Flusspferde?

2 Wähle eine Frage aus **oder** erfinde selbst eine.
Schreibe lustige Antworten dazu.
Schreibe deutlich in Druckschrift oder in Schreibschrift.
Du kannst deine Seite ähnlich gestalten wie die Zebra-Seite.

Heftet eure Texte zu einem Buch zusammen.

Wer tut was?

tragen lesen stehen sitzen gehen rennen

1 Spiele, was die Menschen tun. Ein Partnerkind rät.

Die Lehrerin trägt viele Bücher. Anna liest ein Buch.
Tim geht zum Computer. Jakob sitzt auf dem Stuhl.
Max rennt zur Toilette. Jan steht auf dem Hocker.

2 Schreibe die Sätze auf. Unterstreiche die Verben:
Die Lehrerin trägt …

3 Suche in der Wörterliste sechs weitere Verben.

Merksatz

Wörter, die sagen, was man tut oder was geschieht,
nennt man Verben: **sitzen, gehen, lesen**

39, 128

Eine  geschichte

Tim überlegt:
„Schreibt man  mit ie?“
Er schlägt die Wörterliste auf.
Wo sind die Wörter mit Tt? „Rr, Ss, Tt! Da!“
Tims Finger gleitet die Liste entlang.
„Tafel, Teller, Tier, Tiger! Aha, kein ie!“

1 Lies den Text.

B*r

Gira*e

Strau*

Na*horn

2 Schau in der Wörterliste nach. Schreibe die Wörter richtig auf.

Qua*e • Jagu* • Pfer* • Fl*ge • Da*el • Schne*e

3 Suche die Tiernamen in der Wörterliste. Schreibe sie auf.
Schreibe auch das Wort, das daruntersteht: Qualle, Qualm, …

Suche dir ein Partnerkind.
Wer findet das Wort am schnellsten?

Nachdenkwörter

Bei manchen Wörtern
kannst du nicht hören,
wie sie geschrieben werden.

Oft findest du es heraus,
indem du nachdenkst und
ein verwandtes Wort suchst.

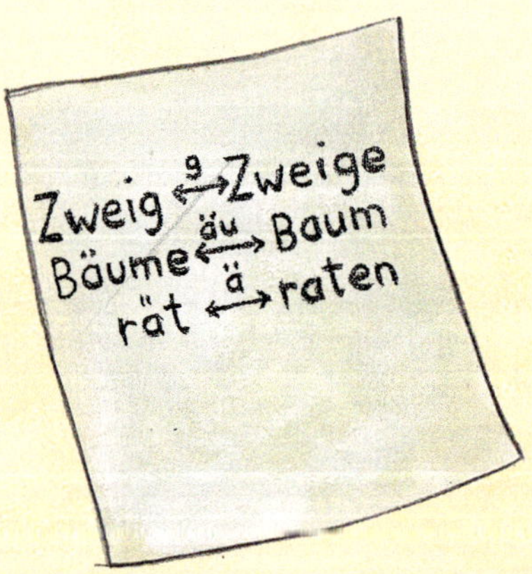

So kannst du es
üben und notieren:
Du zeichnest einen
Doppelpfeil zwischen
die Wörter und schreibst
den schwierigen
Buchstaben darüber.

Aus einem Piratenbuch

Pirat	Berge
Dieb	Stäbe
Berg	Diebe
Stab	Piraten
Sand	sandig

1 Schreibe die verwandten Wörter so: Pirat <–t–> Piraten, ...

Gol* Kor* Zel* Hun* Sie* Pake* Kru*

2 Suche immer ein verwandtes Wort: Gold <–d–> goldig, ...

Der Pira* sitzt vor seinem Zel*.
Er brät eine Wurs* am Sta*.
Das Gol* im Kor* funkelt im Mon*lich*.

Schreibe die Sätze vollständig auf: Der ...

Rechtschreibtraining

Am Freitag holt Fatma ein neues Buch aus der Bücherei.
Auf dem Umschlag ist ein Bild von einem Hund.
Der schaut klug und lustig aus.

d oder t, g oder k, b oder p am Wortende

wei	wil
schrä	blö
richti	gel
blon	lau

gelbe	richtige
weiter	blonde
blöde	lauter
wilde	schräge

Übungswörter

der Freitag
der Umschlag
das Bild
der Hund
klug

1 Suche die verwandten Wörter und ergänze die fehlenden Buchstaben: weit ←t→ weiter, …

blin • brei • frem • star
run • lie • hal • ro

2 Suche verwandte Wörter. Ergänze die fehlenden Buchstaben:
blind ←d→ blinde, breit ←t→ breiter, …

1 Gegenteil von Nacht:
2 Tier mit Rüssel:
3 geflochtener Behälter:
4 bellendes Haustier:
5 Es hängt an der Wand:
6 Reittier:

3 Schreibe die Lösungen auf: 1 Tag, …

Wörter nachschlagen

1 Zu welchem Märchen passen die Bilder?

2 Finde die Wörter zu den Bildern in der Wörterliste und schreibe sie auf. Schreibe nach jedem Wort das fett gedruckte Wort, das daruntersteht:
Prinzessin, putzen, …

Verben erkennen

Lena spielt mit Fatma, Jonas und Tim Uno.
Jonas mischt und verteilt die Karten.
Jedes Kind bekommt fünf Karten. Tim beginnt.
Er legt die rote Vier auf den Tisch. Fatma bedient.
Lena zieht eine Karte vom Stapel.

3 Schreibe die Sätze auf.
Unterstreiche die acht Verben: *Lena spielt …*

4 Schreibe nun die Verben so auf:
sie spielt – spielen, …

Erster Wintertag

Es sieht wie weiße Watte aus,
wenn sich die Wolken ballen
und weiße Flocken sanft und sacht
leis auf die Erde fallen.

Wolfgang Spode

Herr Eichhorn und der erste Schnee

Der Winter ist wunderschön,
erzählten die anderen Tiere.
Schneeflocken fallen aus dem Himmel
und alles wird weiß!
Herr Eichhorn hat den Winter immer verschlafen.
Dieses Mal bleibt er wach, bis die erste Flocke fällt.
Aber der Winter lässt sich Zeit.

Auch der Bär hat den Winter immer verschlafen
und noch nie eine Schneeflocke gesehen.
Weiß und nass und kalt und weich …
so hatten andere Tiere es ihm beschrieben!
Was, wenn nun die erste Schneeflocke
schon gefallen ist, ohne dass er es bemerkt hat?

„Die erste Schneeflocke", ruft Herr Eichhorn.
„Ich habe sie gefunden!
Sie ist kalt und innen ziemlich nass.
Wie wunderschön der Winter sein wird!"

Der Bär findet Herrn Eichhorn ein bisschen dumm.
Denn was Herr Eichhorn gefunden hat,
ist zwar nass und kalt, aber überhaupt nicht weich!
Gut, dass der Bär sie schließlich gefunden hat.
Die allererste Schneeflocke!

Sebastian Meschenmoser

Herr Eichhorn hält eine Dose für Schnee.
Der Bär hält eine Socke für Schnee. Warum?

Beobachtung

Zarte, feine
klitzekleine
Spuren findest du im Schnee?
Zarte, feine
klitzekleine Spuren –
die sind nicht vom Reh!

Diese krickel
krackel Grüße
schrieb ein andrer Gast hierher:
Zickel zackel
Vogelfüße – schau:
Dort sind schon keine mehr.

Denn nur eben
fast im Schweben
hüpfte, pickte er im Lauf –
und mit einem Sprunge,
Schwunge
flog er zu den Wolken auf.

Max Kruse

1. Lies das Gedicht.
2. Welche Tierspur wird in dem Gedicht beschrieben?

Welche Spur gehört zu welchem Tier?

45, 118

Frosch im Winter

Als Frosch eines Morgens aufwachte, merkte er sofort, dass etwas nicht stimmte. Die Welt hatte sich verändert. Er ging zum Fenster und staunte: Alles war vollkommen weiß.

Verwirrt rannte er hinaus. Überall lag Schnee. Es war sehr glatt. Plötzlich fiel er auf den Po und rutschte über das Ufer in den Fluss. Aber der Fluss war zugefroren und Frosch lag auf dem Rücken auf dem kalten, harten Eis.

Zitternd vor Kälte setzte er sich auf die Böschung. Seine Freunde luden ihn zu einer Schneeballschlacht ein. Aber Frosch konnte gar keinen Spaß daran finden. „Mich friert", murmelte er. „Ich bin nur ein nackter Frosch", und unglücklich stapfte er nach Hause.

Max Velthuijs

1. Lies die Geschichte.
2. Frosch fühlt sich bei Schnee und Eis nicht wohl. Warum nicht? Erzählt.
3. Wie findest du den Winter?

46

Wintergeschichten

1. Lies die Geschichtenanfänge und überlege, was du im Winter erlebt hast.

2. Wähle ein Erlebnis aus, das du erzählen möchtest.

3. Erzählt euch eure Geschichten. Wenn ihr etwas nicht verstanden habt, fragt nach.

Schreibe deine Geschichte auf ein schönes Blatt. Du kannst auch etwas dazu malen. Ihr könnt eure Geschichten in einem Buch sammeln.

Fantasie und Fantadu

Fantasie und Fantadu,
schließe beide Augen zu.
Stell dir mal vor,
du bist ein Schneemann.

Ich bin ein Schneemann.
Mein Kopf ist aus Schnee.
Mein Bauch ist aus Schnee.
Aber mir ist gar nicht kalt.
Alex

1 Lies den Text.

2 Schreibe einen eigenen Text und male dazu.

Fantasie und Fantadu,
schließe beide Augen zu.
Stell dir mal vor,
du bist ein Eisbär.

Eisscholle, Fische, schwimmen, Meer, treiben, kalt, Fell, …

Fantasie und Fantadu,
schließe beide Augen zu.
Stell dir mal vor,
du bist eine Schneeflocke.

Wolke, Himmel, leicht, schweben, landen, kalt, Dach, Nase, …

Es ist kalt

Meinen Hals wärmt ein Schal.
Meine Stirn wärmt ein Stirnband.
Meinen Bauch wärmt ein Pullover.
Meine Beine wärmt eine Hose.
Meine Hände wärmt ein Handschuh – oder zwei?

(1) Schreibe die Kleidungsstücke mit den Artikeln *ein* oder *eine* auf: ein Schal, …

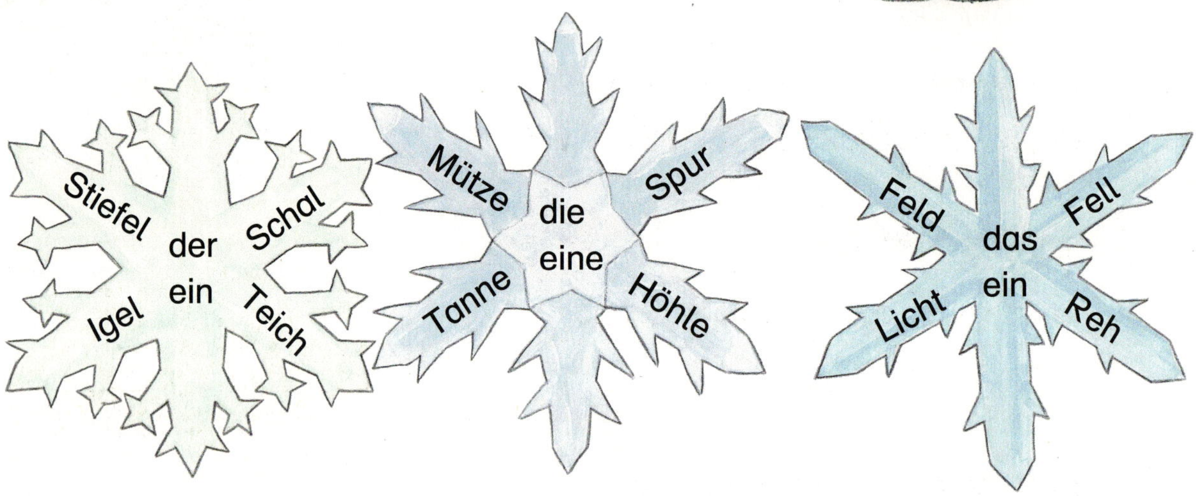

(2) Schreibe die Nomen aus jedem Schneestern mit beiden Artikeln auf: der Stiefel – ein Stiefel, …

Suche dir aus jedem Schneestern ein Nomen und schreibe damit einen Satz.

Merksatz

Es gibt bestimmte Artikel **(der, die, das)**
und unbestimmte Artikel **(ein, eine):**
der Igel – **ein** Igel, **die** Hose – **eine** Hose, **das** Reh – **ein** Reh

Tiere im Winter

Der Igel frisst sich im Herbst
eine dicke Speckschicht an.
Er schläft dann den ganzen Winter
unter einem Blätterhaufen.

Das Eichhörnchen erwacht,
wenn es Hunger hat. Dann sucht es
unter dem Schnee nach Nüssen.

Die Eidechse liegt im Winter starr
an einem sicheren Ort unter Baumwurzeln.

1. Lies den Text.
2. Schreibe die roten Verben so auf:
   frisst – fressen, …

Im Winter ______ (bekommen) der Feldhase
ein dickes Fell. Er ______ (graben) keine Höhle,
sondern ______ (ducken) sich in tiefe Mulden.

Ein Feldhase ______ (finden) auch im Winter Futter.
Wenn Gräser, Wurzeln oder Kohl knapp werden,
______ (knabbern) er an der Rinde junger Bäume.

3. Schreibe den Text auf. Setze die Verben
   in die richtige Form: Im Winter bekommt …

Ein toller Schneemann

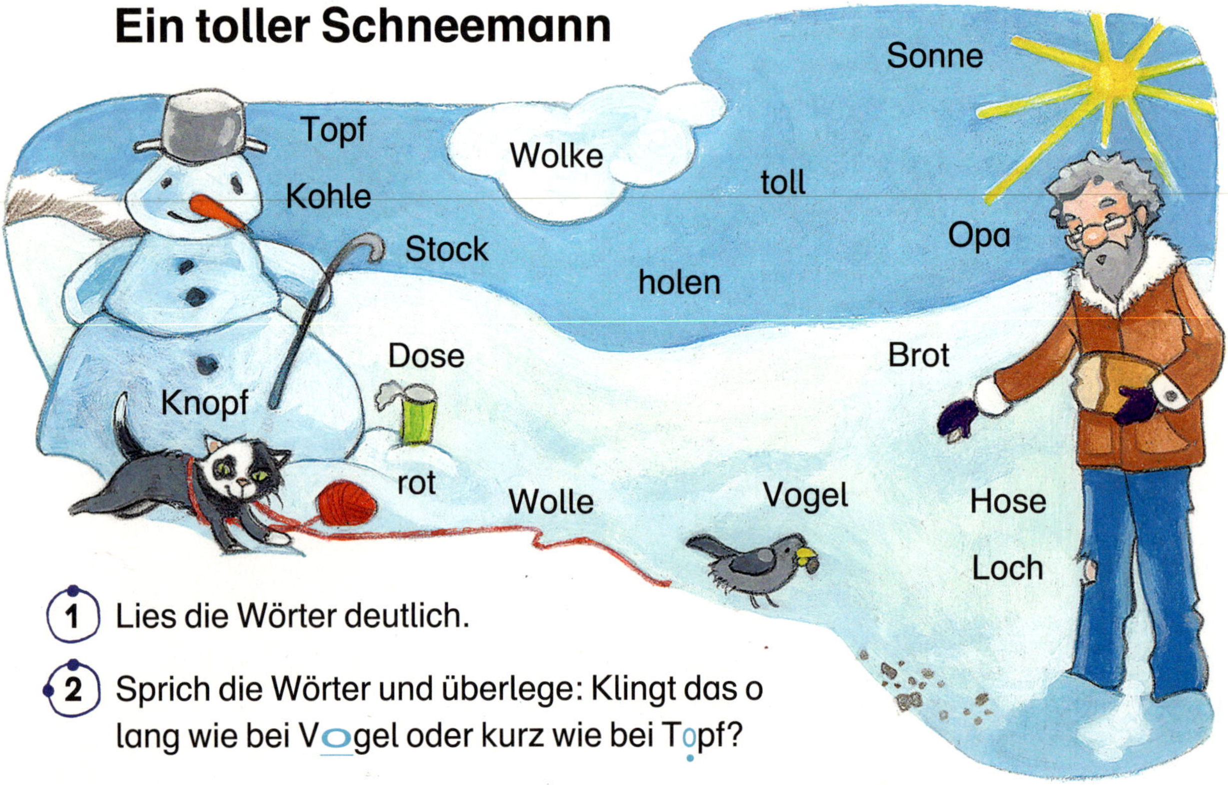

1 Lies die Wörter deutlich.

2 Sprich die Wörter und überlege: Klingt das o lang wie bei Vogel oder kurz wie bei Topf?

3 Ordne die Wörter in eine Tabelle. Markiere jedes lange o mit einem Strich. Markiere jedes kurze o mit einem Punkt:

lang _	kurz •
Vogel	Topf

Pilz • Hemd • Hut • Fuß • Zelt • Tag • Kind
Buch • Heft • Film • Saft • Schal • Hof • Zug

Sprich deutlich: kurzer oder langer Selbstlaut? Ergänze die Tabelle.

Merksatz

Wenn du wissen willst, ob ein Selbstlaut lang oder kurz ist, sprich das Wort unterschiedlich aus: rot oder rot, Topf oder Topf?

51, 134

Schneebä___e

 Schli___en	 me___en	 fre___en
 Hi___el	 Fu___er	 schne___
 Nü___e	 ro___en	 Wa___er
 fa___en	 Ma___	 Ta___e

1 Ergänze die doppelten Mitlaute. Markiere jeden kurzen Selbstlaut vor dem doppelten Mitlaut mit einem Punkt: Schlitten, …

nass • toll • hell • nett
voll • schnell • glatt
dünn • dumm • kaputt

die Lampe • die Jacke
der Hund • das Eis
der Schlitten • das Kind
die Mülltonne

2 Was passt zusammen? die nasse Jacke, …

Merksatz

Nach einem kurzen Selbstlaut stehen (mindestens) zwei Mitlaute:
Schl**i**tten, schn**e**ll, T**o**pf, K**i**nd

Rechtschreibtraining

Es hat geschneit. Schnell will Jonas seinen tollen Schlitten aus dem Keller holen. Aber der ist leider kaputt. Zu dumm! Dann kann Jonas nicht rodeln.

Lange und kurze Selbstlaute

Buch • Bett • Straße • Brille • Tafel
Schlüssel • Sonne • Blatt • Löffel
Teller • Fuß • Brot • Feder • Puppe
Tor • Hose • Ball • Tiger

Übungswörter

schnell
wollen
er will
toll
der Schlitten
der Keller
kaputt
dumm
dann
können
er kann

1 Sprich die Wörter. Achte auf den ersten Selbstlaut. Wo klingt er kurz, wo klingt er lang?

2 Ordne die Wörter in eine Tabelle ein:

lang _	kurz •
Buch	Bett

Bestimmte und unbestimmte Artikel

der • die • das
ein • eine • ein

Tafel • Schwamm • Tisch
Stift • Buch • Lampe
Heft • Füller • Lineal
Regal • Computer

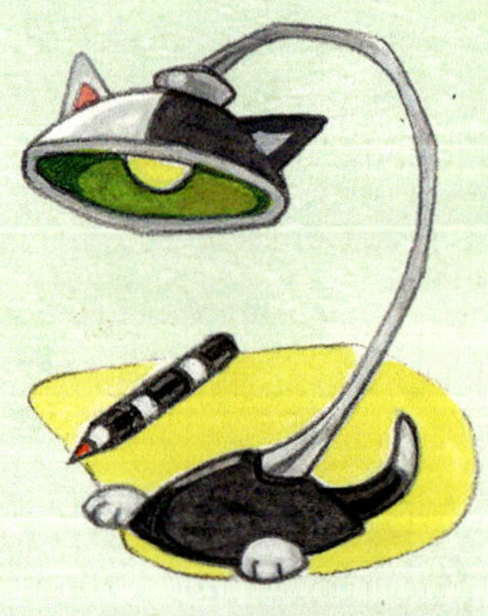

3 Schreibe jedes Nomen mit dem bestimmten und mit dem unbestimmten Artikel: die Tafel – eine Tafel, …

Verben verändern sich

Jonas baut krank im Bett.
Fatma rutscht einen Schneemann.
Tim schnurrt auf der Eisbahn.
Lena liegt ihren Handschuh.
Tinto sucht auf der Fensterbank.

1 Die Verben sind vertauscht.
Lies die Sätze mit den richtigen Verben.

2 Schreibe die Sätze mit den richtigen Verben auf.
Unterstreiche die Verben: Jonas liegt …

3 Schreibe die Verben so auf:
liegt – liegen, …

Wörter mit doppelten Mitlauten

brennen
k

Lippen
w

essen
m

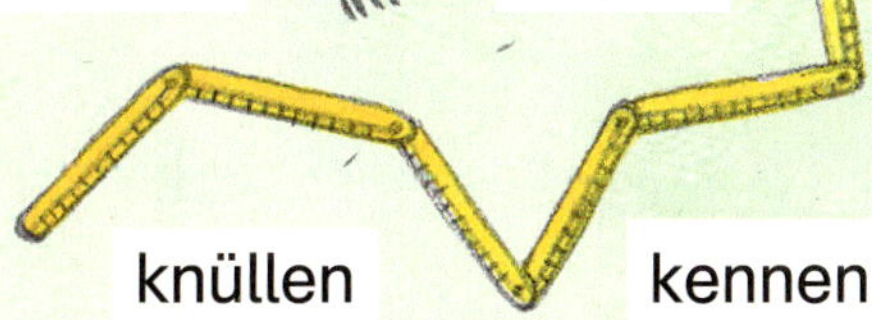

Kanne
T

Gitter
R

knüllen
f

kennen
br

Hammer
K

4 Schreibe die Reimwörter. Markiere die doppelten Mitlaute.
Schreibe jedes Reimwortpaar in eine neue Zeile:
brennen – kennen

5 Finde zu jedem Wortpaar aus Aufgabe 4 ein weiteres Reimwort.

Riesen

Gullivers Reisen
Riesen
RIK und RIK
MAMA IST GROSS WIE EIN TURM
RIESE
Riesen
Riesen geben
Riesen

Der Riese reckt sich

Der Riese reckt sich,
er will mich
zerdrücken.

Ich schlage
die Augen nieder,
zittre, bin stumm.

Ich blinzle,
der Riese wirft
lange Schatten.

Ich schaue genau hin,
da steht einer
nur günstig im Licht.

Georg Oswald Cott

Warum ängstigt man sich machmal unnötig?

Zeraldas Riese

Zeralda war auf dem Weg in die Stadt. Da traf sie auf den Riesen, der am liebsten kleine Kinder aß. Aber der lag hungrig auf der Straße.

„Der Mann ist am Verhungern", dachte Zeralda. Sie nahm ein paar Töpfe vom Wagen, machte Feuer und begann zu kochen. Ihr Mitleid mit dem hungrigen Riesen war groß.

Bald darauf setzte sie dem Menschenfresser vor: geräucherte Forelle mit Kapern, Schnecken in Knoblauchbutter, eine Platte mit gebratenen Hühnchen und ein Spanferkel.

Der Geschmack all dieser Speisen war etwas ganz Neues für ihn. Er war so entzückt, dass er sein Gelüst nach seinem Lieblingsgericht vergaß – kleine Kinder.

„Liebstes kleines Mädchen", sagte der Riese, „ich habe ein Schloss. Meine Keller sind voller Gold. Ich will dir ein Vermögen geben, wenn du nur mit mir kommst und für mich kochst."

Tomi Ungerer

Was glaubst du, wie Zeralda auf den Vorschlag des Riesen reagiert?

Der Riese und der Drache

Der Riese wohnte auf dem Borstelberg. Sein Drache bewachte die Prinzessin.

Beide Prinzen wollten nicht noch einmal versuchen, die Prinzessin zu befreien.

Dann kam ein armer Junge mit Namen Georg zum König.

Der Riese brüllte vor Lachen.

Als der Riese die Flecken sah, bekam er Angst. Hatte er etwa vom Atem des Drachen die Qualmkrankheit?

Der Riese tötete den Drachen. Aber er hatte immer noch Angst, bald zu sterben. Das weiße Drachenkraut könnte helfen.

Der Riese versuchte, das Drachenkraut zu pflücken. Dabei stürzte er ins Meer und ertrank.

Schon am nächsten Tag wurde die Hochzeit gefeiert.

nach Annie M. G. Schmidt

1 Lies den Comic.

2 Mit welchen Tricks besiegt Georg den Riesen?

Waldmärchen

Es lebt ein Ries' im Wald,
der hat ein Ohr, so groß,
wenn da ein Donner schallt,
ist's ihm ein Jucken bloß.

Er macht so mit der Hand
als wie nach einer Hummel –
sein eigenes Gebrummel
erschreckt das ganze Land.

Und kommt die Regenzeit,
dann schläft er und es wird
aus seinem Ohr ein Teich
und dort sitzt da ein Hirt'.

Er tränkt daran die Schaf'.
Doch manchmal dreht, oh Graus,
der Ries' sich um im Schlaf
und dann ist alles aus.

Christian Morgenstern

1 Lies das Gedicht.

2 Welche Wörter reimen sich?
Finde Reimpaare und schreibe sie auf:
Wald – schallt, ...

Lerne das Gedicht auswendig.

Die Geschichtenkiste

1. Bringt Dinge für eine Geschichtenkiste mit. Ihr könnt die Gegenstände auch auf kleine Karten malen oder schreiben.
2. Erzählt eine Geschichte oder ein Erlebnis. Jedes Kind erzählt einen Satz. Dazu kann es einen Gegenstand oder eine Karte nehmen.

Riesengeschichten aus der Zwergenschule

In der Zwergenschule schreiben die Kinder besonders gerne Geschichten über Riesen. Dann haben sie weniger Angst vor ihnen.

1. Lies die drei Geschichtenanfänge.
2. Wähle einen Anfang und schreibe die Geschichte weiter. Verwende dabei die Wörter auf den Zetteln.

Überlege dir selbst Wörter für eine Geschichte über Zwerge. Schreibe mit diesen Wörtern eine Geschichte.

Geschichten überarbeiten

Markiere die Wörter, bei denen du die Rechtschreibung überprüfen willst.

Setze Punkte. Dann ist deine Geschichte besser lesbar.

Lies den Text langsam und ergänze Wörter, die fehlen.

Lies die ganze Geschichte und gib ihr eine passende Überschrift.

Möhren für den Riesen

1 Sucht Wörter, die beschreiben, wie eine Möhre ist.
- Wie sieht sie aus?
- Wie fühlt sie sich an?
- Wie schmeckt sie?

2 Male eine Möhre. Schreibe die Wörter hinein, die beschreiben, wie die Möhre ist.

Riese Rudolf aß für sein Leben gerne Möhren. Besonders liebte er rote Möhren, aber auch gelbe und sogar blaue. Auch das grüne Laub der Möhren schmeckte ihm. Er mochte rohe Möhren im Salat, weiche Möhren in der Suppe – es mussten nur sehr viele Möhren sein.

Eines Tages fand ein Riesen-Möhren-Wettkampf statt. Welcher Riese schaffte die meisten Möhren? Rudolf aß 200 dicke Möhren, 300 lange Möhren und 500 runde Möhren. Keiner war so gut wie er. Da kam Rudolf ins Riesenbuch der Rekorde.

3 Lies den Text. Finde mindestens sechs Adjektive: rot, …

Welche Möhren gibt es nur im Riesenland?

Merksatz

Wörter, die sagen, wie etwas ist, nennt man Adjektive:
rot, groß, dick

Klein und groß

Riese Bodo ist nicht klein, sondern groß.
Seine Beine sind nicht kurz, sondern lang.
Seine Arme sind nicht dünn, sondern dick.
Seine Stimme ist nicht leise, sondern laut.
Er ist nicht leicht, sondern schwer.

1. Schreibe die Gegensatzpaare aus jeder Zeile auf:
   klein – groß, …

hell gut faul arm hart riesig kalt schnell	reich warm weich langsam winzig fleißig dunkel schlecht

2. Finde die Gegensatzpaare und schreibe sie auf.

3. Finde selbst Gegensatzpaare.
   Oder: Schreibe mit Gegensatzpaaren Sätze wie oben.

Die Riesin Annemarie

Die Riesin Annemarie liebt das ie.
Sie hat viele ie-Wörter
auf Papier geschrieben.

1. Schreibe die Wörter ab.
Markiere in jedem Wort ie.

2. Bilde Sätze, in denen mindestens ein Wort mit ie vorkommt.
Markiere das ie in deiner Lieblingsfarbe: Das Papier ist weiß.

Verwende möglichst viele ie-Wörter in einem Satz:
Sieben Riesen fielen tief.

Merksatz

Ein lang gesprochenes i wird fast immer ie geschrieben:
Lied, **Stiefel**, **Ziel**

Ein Schreck für den Riesen

Ein Riese lie▢t schlafend im Wald.
Über ihm schwe▢t ein Adler.
Er trägt einen Stein im Schnabel.
Der Adler stei▢t höher und höher.
Dann lässt er den Stein fallen.
Der Riese krie▢t ihn auf die Nase.

Als er das mer▢t, to▢t er:
„Wer bespuckt mich hier?"
Weil er niemanden sieht,
le▢t er sich wieder hin und
schläft weiter.

1 Lies den Text.

2 Suche zu jedem Lückenwort ein verwandtes Wort:
liegt <—g—> liegen, ...

g oder k?	b oder p?
er zei*t • es flie*t	sie grä*t • er schwe*t
er stei*t • er mer*t	es hu*t • sie schrei*t
sie sa*t • sie fra*t	er blei*t • es le*t

3 Suche zu den Wörtern verwandte Wörter:
g oder k? er zeigt <—g—> zeigen, ...
b oder p? sie gräbt <—b—> graben, ...

62

Rechtschreibtraining

Riese Bodo lebte tief im Wald. Er liebte besonders den Winter. Da gab es keine Fliegen. Doch eines Tages schwebten sieben Fliegen über seinem Marmeladenbrot. Da schlug er sie tot.

Wörter mit ie

fliegen • hinter • Biene • Wind
Wiege • liegen • Kind • lieb
Zimmer • Finger • Birne • Ziege

1 Lies jedes Wort deutlich.
Achte auf den i-Laut.
Ordne die Wörter in eine Tabelle ein:

ie	i
fliegen	hinter
...	...

Übungswörter

der Riese
leben
er lebte
tief
lieben
er liebte
die Fliegen
schweben
er schwebte
sieben
schlagen
er schlug
sie

g oder k im Verb

er fra _ t • sie sie _ t • er sa _ t • sie lie _ t • er le _ t
es pie _ t • er kla _ t • sie krie _ t • er flie _ t • sie schlä _ t

2 Suche verwandte Wörter: g oder k?
er fragt <–g–> fragen, ...

b oder p im Verb

sie gi▢t • es hu▢t • es kle▢t • sie glau▢t
er lo▢t • er lie▢t • sie le▢t • es schnau▢t

1 Suche verwandte Wörter: b oder p?
sie gibt <–b–> geben, ...

Adjektive und Gegensatzpaare

Ein Riese ist nicht klein, sondern groß.
Ein Stein ist nicht weich, sondern hart.
Schnee ist nicht heiß, sondern kalt.
Eine Kugel ist nicht eckig, sondern rund.
Ein Turm ist nicht niedrig, sondern hoch.

2 Schreibe die Sätze ab.
Unterstreiche in jedem Satz die beiden Adjektive:
Ein Riese ist nicht klein, sondern groß.

schwer • teuer • schwach
dick • krank • hoch
spannend • rund • heiß

gesund • dünn • niedrig
stark • billig • leicht
kalt • eckig • langweilig

3 Suche zu jedem Adjektiv den passenden Gegensatz:
schwer – leicht, ...

treu • glücklich • sichtbar • freundlich • dicht • fair

4 Bilde Gegensatzpaare mit der Vorsilbe un:
treu – untreu, ...

Auf leisen Pfoten

Mieze
Katzenfutter
mit Vitaminen
und Mineralstoffen
Da hebt die Katze ab

Kleine Katzen

Kleine Katzen sind so drollig
und so wollig und so mollig,
dass man sie am liebsten küsst.
Aber auch die kleinen Katzen
haben Tatzen, welche kratzen.
Also Vorsicht! Dass ihr's wisst!

Kleine Katzen sind so niedlich
und so friedlich und gemütlich.
Aber schaut sie richtig an:
Jedes Sätzchen auf den Tätzchen
hilft, dass aus dem süßen Kätzchen
mal ein Raubtier werden kann.

James Krüss

Die schwarzen und die grünen Zeilen
beschreiben Gegensätze.
Lies das Gedicht so,
dass man die Gegensätze hört.

Fritzi

Papa steht in der Küche und packt den Einkauf aus, als ich zu Hause ankomme. „Um Himmels willen“, sagt er, als er das Kätzchen sieht. „Ich habe es beim Schuppen hinter der Siedlung gefunden. Es war ganz allein“, sage ich.

Papa betrachtet stumm das schnurrende Kätzchen. Zuerst sieht er ganz grimmig aus. Aber dann lächelt er. „So klein und kann schon schnurren“, meint er. Aber als er es streicheln will, faucht es ihn an und da muss er richtig lachen.

Bis meine Schwester Marta nach Hause kommt, ist das Kätzchen satt und schläft auf meinem Schoß. Sie setzt sich zu mir und schaut das Kätzchen an. „Es muss einen Namen mit i haben“, sagt sie. „Katzen mögen das. Es könnte Fritz heißen.“

„Aber ich glaube, es ist ein Mädchen.“ „Dann heißt es Fritzi!“, meint Marta. „Fritzi!“, flüstere ich dem Kätzchen ins Ohr. Da fängt es an zu schnurren und Marta grinst zufrieden.

Karin Koch

Welches Tier wünschst du dir?

Fred

Posy Simmonds / Christina Diaz

1. Lies den Comic.
2. Ist dir schon einmal ein Tier gestorben?
   Was habt ihr gemacht? Erzähle.
3. Warum setzen die beiden einen Grabstein auf das Katzengrab?
   Was könnten sie denn – außer dem Namen – noch daraufschreiben?

65/66

Forscherfragen

1 Die Kinder suchen Informationen zu Katzen.
Überlege, zu welcher Frage du forschen möchtest.

2 Suche Informationen zu deiner Frage.
Suche in Büchern oder im Internet, zum Beispiel bei
http://www.kindernetz.de/oli oder www.blinde-kuh.de

Wie kleine Katzen groß werden

Eine Katze bekommt vier bis sechs Junge. Das Fell der Kätzchen ist ganz verklebt. Die Mutter leckt sie sauber.

Die Kätzchen können zunächst noch nicht sehen und hören. Die Milch ihrer Mutter finden sie durch den Geruch. Sie saugen kräftig an den Zitzen ihrer Mutter.

Sobald die Kätzchen satt sind, schlafen sie. Sie sehen sehr süß aus. Sie sind aber noch so klein, dass man sie nicht berühren darf.

Manchmal fasst die Katzenmutter ihre Jungen am Genick und trägt sie an einen sicheren Ort. Erst nach drei Wochen lernen sie richtig laufen.

Mit sechs Wochen können die Kätzchen rennen und springen. Sie fangen an, miteinander zu spielen.

Von ihrer Mutter lernen die kleinen Katzen, wie man Mäuse jagt und zupackt.

Wenn die Kätzchen zwölf Wochen alt sind, müssen sie vom Tierarzt geimpft werden. Jedes Jahr ist eine Impfung notwendig.

Wie kleine Katzen groß werden

Die Mutter leckt
das verklebte Fell
der Kätzchen sauber.

Die Kätzchen trinken
Milch bei der Mutter.
Sie saugen an den Zitzen.

...

Mit sechs Wochen können
die Kätzchen selber rennen
und springen.

1 Stellt ein Plakat für die Klasse her.
Malt und schreibt auf, was ihr über Katzenjunge gelernt habt.

2 Tragt der Klasse vor, wie kleine Katzen aufwachsen.

Wie wachsen andere Haustiere auf, zum Beispiel Kaninchen, Hunde oder Wellensittiche? Forsche in Büchern oder im Internet. Erstelle auch dazu ein Plakat.

Wo ist Kleo?

Karl lief mit dem Katzenfutter in den Garten
und schaute sich nach Kleo um.
Die lag auf einem sonnigen Platz und schlief.

Jeden Tag kam sie in den Garten.
Jetzt streckte sie sich und kam näher.
Sie miaute laut und schmiegte sich an Karls Beine.
Karl kraulte sie und dachte: „Kleo ist ganz schön dick geworden!"

Am nächsten Tag war die Katze nicht da.
Karl rief nach ihr, aber sie kam nicht ...

1 Lies die Geschichte.

2 Überlegt, wie die Geschichte weitergehen könnte.

3 Schreibe deine Geschichte auf. ⟶ **Tipp**

Tipp

- Was ist passiert?
- Wo ist Kleo?
- Was macht Karl?

122

Welchen Namen hat mein Tier?

Mein Tier bewegt sich langsam.
Es hat einen Panzer.
Es frisst gerne Salat.
Weißt du's schon?
Dann sag es mir:
Welchen Namen hat mein Tier?

Mein Tier hat geflecktes Fell.
Es hat sehr lange Beine.
Es hat einen sehr langen Hals.
Weißt du's schon?
Dann sag es mir:
Welchen Namen hat mein Tier?

1 Lest die Rätsel und löst sie.

2 Schreibe ein eigenes Tierrätsel auf eine Karte. ⟶ **Tipp**
Schreibe und male die Lösung auf die Rückseite.

Legt in eurer Klasse eine Tierrätselkartei an und veranstaltet ein Quiz.

Tipp

- Suche dir ein Tier aus und informiere dich darüber.
- Schreibe besondere Merkmale des Tieres auf.
- Wähle drei Merkmale für dein Rätsel aus.

Bei der Tierärztin

Tim und Jonas sitzen im Wartezimmer.
Tinto hockt im Katzenkorb.
Viele Leute warten mit ihren Tieren.
Jonas fragt: „Siehst du die große Vogelspinne?"
Tim lacht: „Ich finde den Hasenzahn-Mann
mit seinem Kaninchen so lustig."

1 Lies den Text. Finde in jedem Satz das Verb und schreibe es auf: sitzen, hockt, …

Die Arzthelferin _____ (rufen): „Der Nächste, bitte!"
Tim fragt Jonas: „Du _____ (kommen) doch mit hinein?"
Jonas _____ (antworten): „Ich _____ (nehmen) den Korb."
Sie _____ (betreten) den Behandlungsraum:
„Wir _____ (kommen) mit Tinto zum Impfen."
Die Ärztin meint: „Ihr _____ (legen) den Kater
am besten auf den Tisch und _____ (halten) ihn fest."
Schwups, da ist die Spritze schon gesetzt.

2 Schreibe den Text mit den Verben in der richtigen Form auf.

ich rufe • du rufst • er ruft • wir rufen • ihr ruft • sie (alle) rufen

Schreibe drei Verben aus Aufgabe 1 so auf:
ich …, du …, er …, wir …, ihr …, sie (alle) …

Was sind das für Tiere?

Wasserpferd

Automaus

Wolkenhund

1 Überlegt. Gibt es die abgebildeten Tiere?

Hauskatze • Windhund • Buchfink • Turmfalke
Schnabeltier • Schneehase • Steinadler

2 Diese Tiere gibt es wirklich. Trenne ihre Namen:
Hauskatze: Haus + Katze, ...

Wald • Kreuz • Regen
See • Eis • Buckel
Laub • Nacht

Ameise • Spinne • Wurm
Hund • Bär • Wal
Frosch • Falter

3 Setze echte Tiernamen oder Fantasietiere zusammen:
Wald + Ameise: Waldameise, ...

Merksatz

Nomen, die aus mehreren Wörtern zusammengesetzt werden, nennt man zusammengesetzte Nomen (Substantive):
Haus + Katze: Hauskatze

Viele Tiere – kleine Tiere

5

das Kätzchen

3

das Äffchen

das Kälbchen

1

der Affe

die Taube

der Hase

das Häschen

2

4

das Täubchen

die Katze

7

das Gänschen

das Kalb

die Maus

das Mäuschen

die Gans

6

1 Was gehört zusammen? Markiere a – ä und au – äu:
1 das Kalb – das Kälbchen, …

fährt • gräbt • läuft • trägt • wäscht • säuft • fällt

Suche zu diesen Wörtern mit ä oder äu
verwandte Wörter mit a oder au: fährt <–ä–> fahren, …

Merksatz

Zu fast jedem Wort mit ä oder äu gibt es ein verwandtes Wort mit a oder au: H**ä**schen <–ä–> H**a**se, l**äu**ft <–äu–> l**au**fen

Raubkatzen

Panther

Katze
T
Gl
Fr

Tiger

Löwe

schmatzen
kr
pl
schw

flitzen
s
bl
spr

1 Schreibe die Reimwörter auf.
Markiere die kurzen Selbstlaute vor tz mit einem Punkt:
Katze, Tatze, …

2 Schreibe zu jeder Raubkatze einen Satz.
Benutze dazu auch Reimwörter aus Aufgabe 1.

pu✱en • Hei✱ung • Bre✱el • schwi✱en • Wi✱ • Kapu✱e

3 Klingt der erste Selbstlaut kurz oder lang?
Setze bei kurzem Selbstlaut tz und
bei langem Selbstlaut z ein:
putzen, Heizung, …

Rechtschreibtraining

Täglich fängt unsere Katze Mäuse. Sie trägt sie auf einen Platz unter dem Fenster. Dann putzt sie sich. Wenn du sie dabei streichelst, kratzt sie dich mit der Tatze.

Übungswörter

täglich
fangen
fängt
die Katze
die Mäuse
tragen
sie trägt
der Platz
putzen
sie putzt
kratzen
sie kratzt
die Tatze

Wörter mit z und tz

schü • kra • hei • schwi
spri • schneu • pu

z
tz

en

1 Kurz oder lang?
Schreibe die Wörter mit z oder tz: schützen, …

jetzt • Spatz • schwitzen • putzig
Mütze • petzen • Witz

2 Finde zu jedem Wort ein Reimwort: jetzt – zuletzt, …

Wörter mit ä und äu

der Ball • das Blatt • der Sack
der Arm • die Nase • der Baum
der Daumen • das Haus
der Apfel • der Schrank

3 Schreibe die Wörter auch mit -chen auf.
Achtung: Wörter mit -chen haben den Artikel das:
der Ball – das Bällchen, …

Personalformen

Er soll nicht betteln,
wenn wir essen,
und er bettelt doch.

Er soll nicht bellen,
wenn Besuch kommt,
und er bellt doch.

Er soll nicht buddeln,
wenn wir im Wald sind,
und er buddelt doch.

Er soll nicht auf dem Sofa liegen,
und er tut es doch.
Niemand ist ihm böse.

Ach, wär ich doch ein Dackel.

Ute Andresen

1 Lies das Gedicht. Schreibe die markierten Verben mit *ich, du, er, wir, ihr, sie (alle)* auf: ich belle, du …

schreiben • brüllen • laufen • kochen • hüpfen

2 Schreibe auch diese Verben wie in Aufgabe 1 auf: ich schreibe, …

Zusammengesetzte Nomen

Katzen
- Fell
- Auge
- Futter
- Korb
- Zunge
- Gebiss
- Pfote

3 Bilde zusammengesetzte Nomen: Katzen + Fell: Katzenfell, …

LUFTFAHRTSCHAU
POLIZEI
Flugplatz Lilienthal
Rund-
flüge
Kasse

Alles fliegt

Ein Segelflugzeug ist aus leichtem Material gebaut. Es hat keinen Motor, sondern nutzt Luftströmungen.

Ein Düsenflugzeug hat Triebwerke, die unter den Flügeln sitzen.

Ein Luftschiff enthält Gas, das leichter ist als Luft. Dadurch erhält es Auftrieb.

Ein Hubschrauber fliegt durch Rotoren. Sie sind oben und hinten angebracht.

1 Lest die Texte.

2 Schreibe zu jedem Buchstaben den Namen des Luftfahrzeugs: A: …,

3 Erkläre die Fachbegriffe oder finde ein anderes Wort dafür:
Luftströmungen sind …

75, 120

Ankunft

Diese Tafel zeigt an, wann die Flugzeuge landen und woher sie kommen.

1 Beantworte die Fragen:
- Wann landet das erste Flugzeug aus Berlin?
- Wann landet das zweite Flugzeug aus Berlin?

2 Beantworte die Fragen:
- Woher kommt das Flugzeug, das um 17.35 Uhr landet?
- Poznan ist eine Stadt in Polen.
  Wann landet das Flugzeug, das von dort kommt?
- Wo ist das Flugzeug abgeflogen, das um 16.50 Uhr landet?

Berlin • London • Dortmund • München

In welcher dieser Städte befindet sich der Flughafen mit dieser Anzeigetafel? Begründe.

Flughafenhinweise

1  2  3 

4  5  6 

Abflug • Ankunft • Information • Parkhaus
Rollerfahren verboten • Toilette

1. Sieh dir die Bilder an. Schreibe auf, was sie bedeuten:
   1 = Abflug, …

2. Male ein Schild für Rolltreppe, Café oder Fahrstuhl.

3. Die Schilder auf dem Flughafen sind in zwei Sprachen beschriftet.
   Warum stehen auch die englischen Wörter darauf? Erkläre.

Im Flughafen

1 Findet heraus, in welchen Ländern sich die Flugplätze befinden und in welchen Sprachen die Menschen sprechen. Die Bilder helfen euch.

2 Könnt ihr die Begrüßungen übersetzen? Wenn nicht, holt euch Hilfe bei Menschen, die diese Sprachen kennen.

Spielt die Szenen in den Sprachen, die ihr sprechen könnt.

Karlsson vom Dach

Karlsson ist ein sehr kleiner und sehr rundlicher Herr, und er kann fliegen. Mit Flugzeugen und Hubschraubern können alle Menschen fliegen, aber es gibt niemand, der ganz allein fliegen kann, außer Karlsson.

Er dreht bloß an einem Knopf, der mitten vor seinem Nabel sitzt, und wips springt ein kleiner Motor an, den er auf dem Rücken hat. Während der Motor anläuft, steht Karlsson eine Weile still. Und dann – wenn der Motor genügend auf Touren gekommen ist – steigt Karlsson auf und schwebt so fein und würdevoll davon …

Astrid Lindgren

1. Lies den Text.
2. Stellt euch vor, ihr hättet einen Propeller. Besprecht, was ihr erleben könntet. ⟶ **Tipp**
3. Schreibe deine Erlebnisse auf.

Finde noch andere Bücher von Astrid Lindgren. Schreibe die Titel auf.

Tipp

- Wohin könntest du fliegen?
- Warum möchtest du dorthin?
- Vielleicht erlebst du ein Abenteuer?
- Wie fühlst du dich beim Fliegen?

Helico und das Vögelchen

André Dahan

1. Jaco ist aus dem Nest gefallen. Helico findet das Vögelchen. Betrachtet die Bilder und sprecht darüber.
2. Sammelt Wörter, die euch helfen, die Geschichte zu erzählen.
3. Schreibe eine Geschichte zu den Bildern. ⟶ **Tipp**

Tipp

- Schreibe etwas zu jedem Bild.
- Schreibe auch auf, was zwischen den Bildern passiert.
- Schreibe, was Helico und das Vögelchen denken, fühlen und sagen.

Warum der Kolibri der König der Tiere ist

Der König der Tiere, der Löwe, war gestorben. „Das Tier soll König werden, das am höchsten in die Lüfte fliegen kann“, schlug der Adler vor. Da kam der Kolibri und verlangte, König zu werden. „Dann beweise, dass du höher fliegen kannst als ich“, sagte der Adler.

Unbemerkt flog der Kolibri auf den Rücken des Adlers. Dieser schraubte sich weiter und weiter in die Luft. Als er der Sonne näher kam, wurde ihm immer heißer. Erschrocken rief der Adler: „Ich muss umkehren, sonst verbrenne ich!“ Da flog der Kolibri von dem Rücken des Adlers noch ein Stück hinauf. „Glaubst du nun, dass ich höher fliegen kann als du?“, rief er. So wurde der Kolibri der König der Tiere.

nach einem afrikanischen Märchen

1 Lies die Geschichte.

hoch • weit • nah • heiß

2 Finde zu diesen Adjektiven die passenden Vergleichsstufen in der Geschichte: hoch – höher, …

lang • klein • schnell • dick • groß • dünn

3 Finde die Vergleichsstufen zu diesen Adjektiven.

Fliegen und fahren

Flugzeug • Flugkapitän • Fahrzeug
Anflug • Fahrschule • gefahren
Fluglehrer • Fahrkarte • erfahren
Fahrrad • Abfahrt • Flugticket
Flugplatz • Flugschau • Gefahr
Fahrplan • Einfahrt • Abflug
Langstreckenflug • Flugsaurier

1 Lies die Wörter.
Hier sind zwei Wortfamilien vermischt.

2 Ordne die Wörter der beiden Wortfamilien in eine Tabelle. Unterstreiche in jedem Wort den Wortstamm flug oder fahr:

fliegen	fahren
Flugzeug	…

laufen • Pilot • Laufband • Rollbahn
Staffellauf • Koffer • laufend • Verlauf
verlaufen • Flügel • Laufschuhe
Hubschrauber • Wettlauf • ich laufe

3 Im Kasten haben sich neun Wörter einer Wortfamilie versteckt.
Schreibe sie auf und unterstreiche den Wortstamm.

Schreibe einen Satz oder eine Geschichte, in der möglichst viele Wörter einer Wortfamilie vorkommen:
Die Fahrkarte war bei der Abfahrt verschwunden.

80, 136

Fallschirme

Mit Fallschirmen werden Personen oder Gegenstände aus großer Höhe ohne Schaden auf die Erde gebracht. So können sich Menschen aus einem Flugzeug retten. Man kann aber auch Dinge an Orte abwerfen, an denen kein Flugzeug landen kann. Der Fallschirm befindet sich in einem Rucksack oder Beutel, der sich nach dem Absprung oder Abwurf öffnet.

1. Schreibe die Wörter aus den Fallschirmen auf. Markiere in jedem Wort das eu: n<u>eu</u>nzig, …

2. Bilde Sätze, in denen möglichst viele eu-Wörter vorkommen: Neunzig Leute freuen sich über neue Flugzeuge.

Quinta-Airlines feiert das Qu

Die Fluggesellschaft Quinta-Airlines veranstaltet an ihrem zehnten Geburtstag einen Qu-Tag in Quedlinburg. Quentin Quehl, der Chef der Airline, begrüßt die Gäste. Auf der Speisekarte stehen Leckereien mit Quark. Menschen mit einem Qu im Namen bekommen ein Geschenk. Außerdem werden auf Plakaten Qu-Wörter gesammelt.

Speisekarte mit Quark-Leckereien

Speise-	-quark	-kuchen
Sahne-	Quark-	-speise
Mager-		-torte
Kräuter-		-klöße

Wörter mit Qu oder qu

Quelle, ...

Namen mit Qu

Quirina, ...

1. Lies den Text.
2. Setze alle Leckereien mit Quark zusammen. Findest du noch mehr?
3. Schreibe mindestens fünf Wörter mit Qu oder qu auf. Schaue im Wörterbuch unter Qu nach.

Finde Namen, die mit Qu beginnen. Du kannst dir auch welche ausdenken.

82

Rechtschreibtraining

Heute durfte Jonas mit seiner Freundin zur Flugschau.
Ein ganz neues Flugzeug muss leider landen.
Aus dem Motor quillt Qualm. Schnell ist das Feuer gelöscht.
Da freuen sich alle Leute.

Übungswörter

heute
die Freundin
neu
das Flugzeug
quellen
er quillt
der Qualm
das Feuer
freuen
die Leute

Wörter mit eu

heute • treu
Feuer • Eule
heulen • beugen
bereuen • teuer

Steuer • Keule
freuen • Heu
Leute • Beulen
Zeugen • Ungeheuer

1 Finde die passenden Reimwörter:
heute – Leute, …

Wortfamilien

Sandkasten • Spielplatz • spielen
sandig • Sandkorn • Ballspiel • Streusand
Spielzeug • verspielt • Sandmännchen
anspielen • Sandburg • spielerisch

2 Sortiere die beiden Wortfamilien.
Unterstreiche die Wortstämme:
Wortfamilie Sand: Sandkasten, …
Wortfamilie Spiel: Spielplatz, …

3 Finde Wörter der Wortfamilie Sport.

Wörter mit qu

das Quadrat • quaken
der Quatsch • quer
die Qualle • die Quelle
quasseln • quatschen
quieken • das Quiz

1 Lass dir die Wörter von einem Partnerkind diktieren.

Mit Adjektiven vergleichen

Grundform	1. Vergleichsstufe
hell	heller
leicht	
schwer	
reich	
schön	

2 Lege eine Tabelle an.
Ergänze die fehlenden Formen.

klüger • lieb • größer • kälter • arm • warm

3 Trage diese Formen in die richtige Spalte der Tabelle ein.
Fülle danach die andere Spalte aus.

4 Bilde Sätze mit den Adjektiven und den Vergleichsstufen:
Der Mond ist hell. Die Sonne ist heller.
Der Vogel ist leicht. Die Feder ist ...

Mein Fahrrad

Großes Radrennen rund um Buchheim
Sonntag, 23. Juni
Start: 10 Uhr
am Schulzentrum

Die Geschichte vom grünen Fahrrad

Einmal wollte ein Mädchen sein Fahrrad anstreichen. Es hat grüne Farbe genommen. Aber der große Bruder hat gesagt: „So ein grasgrünes Fahrrad habe ich noch nie gesehen. Du musst es rot anstreichen, dann wird es schön." Rot hat dem Mädchen auch gut gefallen. Also hat es das Fahrrad rot gestrichen. Aber ein anderes Mädchen hat gesagt: „Rote Fahrräder haben doch alle! Warum streichst du es nicht blau an?" Das Mädchen hat sich das überlegt und sein Fahrrad blau gestrichen. Aber der Nachbarsjunge hat gesagt: „Blau? Gelb ist viel lustiger!" Und das Mädchen hat gelbe Farbe geholt. Aber eine Frau aus dem Haus hat gesagt: „Das ist ein scheußliches Gelb! Nimm Himmelblau, das finde ich schön." Und das Mädchen hat sein Fahrrad himmelblau gestrichen. Aber da ist der große Bruder wieder gekommen. Er hat gerufen: „Du wolltest es doch rot anstreichen! Himmelblau ist eine blöde Farbe. Rot musst du nehmen, Rot!" Da hat das Mädchen gelacht und den grünen Farbtopf geholt und das Fahrrad grün angestrichen, grasgrün. Und es war ihm ganz egal, was die anderen gesagt haben.

Ursula Wölfel

1 In welchen Farben streicht das Mädchen sein Fahrrad? Schreibe die Farben der Reihe nach auf.

2 Warum streicht das Mädchen sein Fahrrad zum Schluss wieder grün?

Was hatten die beiden zu viel?

Es waren mal zwei RADLER.
Der Weg ging steil bergauf.
Sie traten die Pedale.
Strampel-strampel-strampel!
Schnauf-schnauf-schnauf!

Da sagte der eine zum andern:
„Wir haben was zu viel.
Wenn wir das nicht hätten,
flögen wir über die Berge,
da wäre das Reisen ein Spiel!“

Josef Guggenmos

1 Lies das Gedicht.

2 Versucht, das Rätsel zu lösen:
Was hatten die beiden Radler zu viel?

Mast • rund • Maus • Beule • Brot
Reis • Nacht • keins • warm • Brille

Bilde neue Wörter, indem du den ersten Buchstaben weglässt:
Mast – Ast, …

Sichere Fahrräder

Heute bringen alle Kinder ihre Fahrräder mit zur Schule. Jonas hat einen gefährlichen Schulweg. Seine Mutter hat das Fahrrad ins Auto gepackt. Alles musste ganz schnell gehen, beinahe hätten sie das Pausenbrot vergessen.

Nun stehen alle mit ihren Fahrrädern auf dem Schulhof. Nur Mia hat kein eigenes Fahrrad, das findet sie ganz doof. Aber sie kann sich ein Schulfahrrad leihen. Und da kommt auch schon der Polizist: „Guten Morgen zusammen, ich bin der Herr Wurzel! Ihr habt ja schon eine tolle Strecke zum Training vorbereitet. Aber zuerst sehe ich mir an, ob eure Räder verkehrssicher sind. Ich überprüfe die Klingel, die Bremsen und den Dynamo."

Bei zwei Kindern ist der Sattel zu hoch, ein Lenker ist locker und bei Leonie ist das Rücklicht kaputt. Jetzt ist Jonas an der Reihe. „Dein Fahrrad ist ganz in Ordnung, das ist prima. Aber wo ist dein Helm? So kannst du nicht fahren!" Ach, herrje! Da hat er heute früh doch noch etwas Wichtiges vergessen. Und nun?

1. Lies den Text.
2. Sucht im Text Fachbegriffe zum Fahrrad:
   Klingel, …
3. Zeichne ein Fahrrad. Schreibe die Fachbegriffe dazu.

Beim Fahrradtraining

1 Besprecht, wie die Strecke gefahren werden muss.

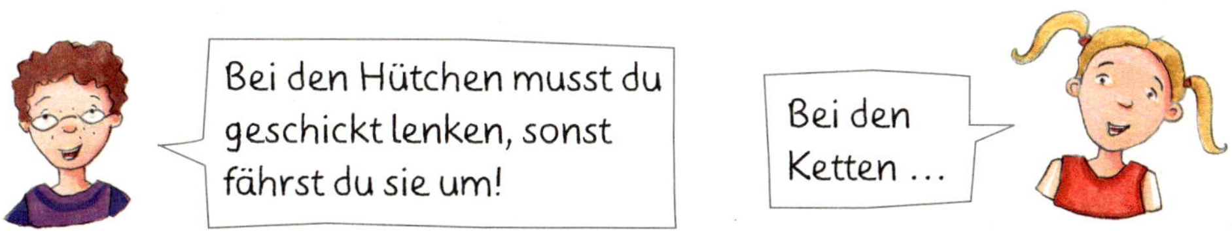

2 Überlegt euch, welche Station besonders schwierig ist. Warum?

Male einen Fahrradparcours für euren Schulhof.

Regula radelt rum

Richard hatte zum achten Geburtstag ein Rad mit Rennlenker bekommen, und Regula wollte nun auch so schnell durch die Welt sausen wie ihr großer Bruder.

„Ich kann doch schon Rad fahren“, sagte sie zu ihrem Teddy. „Ich könnte dich auf den Gepäckträger setzen“, sagte sie und setzte den Teddy auf den Gepäckträger.

Vorsicht! Nicht wackeln! Und treten. „Teddy, halt dich fest! Jetzt geht’s los.“ Und sie fuhren.

Nur leider wusste Regula noch nicht, wie man bremst!

Rudolf Herfurtner

1. Lies den Text.
2. Überlege dir, wohin Regula und ihr Teddy fahren.
   Schreibe auf, was sie erleben. ⟶ **Tipp**

Du kannst deine Geschichte auch auf dem Computer schreiben.
Die Geschichten könnt ihr zu einem Buch zusammenheften.

Tipp

- Straße, Abhang, Kurve, Sturz, Hilfe, Fahrer
- schnell, schlimm, glimpflich, nett, freundlich
- rasen, sausen, anhalten, holen, bringen

Fahrrad zu verkaufen

SCHNÄPPCHEN!

Tolles Jugendfahrrad
zu verkaufen:
24 Zoll, 18 Gänge,
Farbe: Silber,
drei Jahre alt,
gut gepflegt,
am Lenker etwas Rost
Nur 150 Euro!
Telefon: 04321/1234

1

2

3

1 Lies die Verkaufsanzeige.

2 Welches der abgebildeten Fahrräder soll verkauft werden?

3 Schreibe selbst eine Verkaufsanzeige für eines der anderen beiden Fahrräder **oder** für dein eigenes Rad. → **Tipp**

Tipp

- Größe, Gangschaltung, Farbe, Alter, Zustand, besondere Ausstattung, Preis
- schön, toll, fast neu, wenig benutzt, alt, billig, gebraucht

Was gehört zum Fahrrad?

Ventil • Blinker • Lenker • aufsteigen
fahren • Kette • Rücksitz • Sattel • laut
einsteigen • Klingel • Schutzblech • Lenkrad
Motor • Speiche • klingeln • bremsen
Benzin • Helm • hupen • umweltfeundlich

1 Welche Wörter gehören zum Wortfeld Fahrrad?
Schreibe sie auf: Wortfeld Fahrrad: Ventil, …

2 Im Kasten gibt es noch ein anderes Wortfeld.
Wie heißt es? Schreibe die Wörter, die dazugehören.
Achtung: Manche Wörter passen zu beiden Wortfeldern.
Wortfeld ___: …

3 Finde zu beiden Wortfeldern weitere Wörter.

Verfahren?

Familie Heine ist auf dem Heimweg.
Max und Lina fragen ihre Eltern:
„Dürfen wir schon ___fahren?“
„Klar“, sagt ihr Vater, „aber passt auf,
dass ihr euch nicht ___fahrt.“

1 Wie müssen die markierten Verben heißen?
Schreibe den Text auf. Setze ver und vor richtig ein.

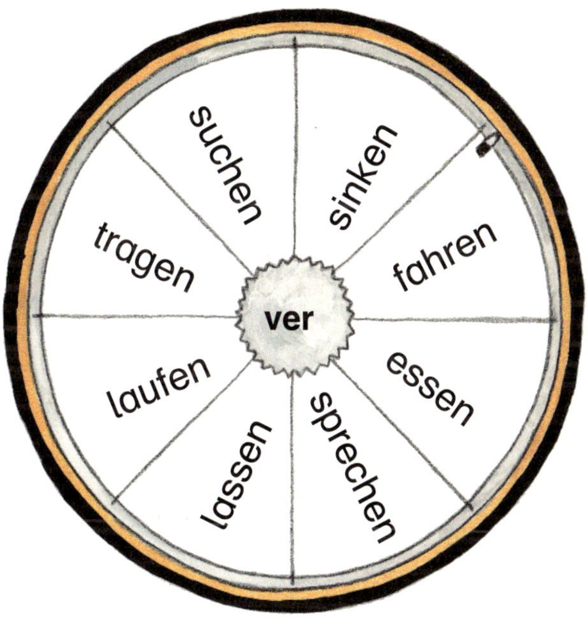

2 Bilde neue Verben mit den Wortbausteinen ver und vor.
Achtung! In jedem Rad passt ein Verb nicht dazu.

Suche dir aus jedem Rad drei Verben aus und schreibe Sätze:
Wir haben uns im Wald verlaufen. …

Das Ventil am Vorderrad

Vorgestern war mein Vorderrad platt. Vielleicht bin ich ja über eine Scherbe gefahren oder das Ventil ist kaputt. Tante Vera hat versprochen, mir zu helfen. Sie hat schon viele kaputte Fahrräder repariert.

1 Lies den Text. Achte auf die Wörter mit V und v. Hörst du einen F-Laut oder einen W-Laut?

2 Ordne die Wörter mit V und v in eine Tabelle:

V wie Vogel	V wie Vase
Vorderrad	Ventil

die Kurve • der Verkehr
der Vogel • der Pullover • das Verb
das Ventil • der Vater • viel
vor • brav • vorne
vielleicht • von • Advent
voll • vier • vorsichtig

Lege auch für diese Wörter eine Tabelle wie in Aufgabe 2 an.

Bei der Fahrradmechanikerin

Die Mechanikerin hat viel Arbeit.
Eine Lampe leuchtet nicht.
Der Gepäckträger ist lose.
Die Bremse an Lenas Fahrrad
muss eingestellt werden.

1 Lies die Sätze.

2 Klatsche alle Wörter.
Schreibe danach alle Nomen
mit Silben-Trennstrichen auf:
Me-cha-ni-ke-rin, …

An meinem Rad ist die Kette gerissen.
Ich muss meinen Sattel höher stellen.
Gestern hatte ich leider eine Panne,
ich bin in einen großen Nagel gefahren.
Am Sonntag ist ein spannendes Radrennen.

3 Schreibe die Sätze mit Trennstrichen zwischen den Silben auf.
Achtung! Doppelte Mitlaute trennst du zwischen den Mitlauten:
An mei-nem Rad ist die Ket-te …

Merksatz

Wörter bestehen aus Silben. Am Zeilenende kann man die Wörter zwischen den Silben trennen: **Ar-beit, Me-cha-ni-ke-rin**
Doppelte Mitlaute trennt man zwischen den Mitlauten:
Ket-te, Son-ne (aber: **Sonn-tag**)

92, 133

Rechtschreibtraining

Vera holt das Fahrrad aus dem Keller hervor.
Das Vorderrad hat kein Ventil. Der Lenker ist verbogen.
Auch der Reifen vom Hinterrad ist platt. Vielleicht kann Vater helfen.

Übungswörter

hervor
das Vorderrad
das Ventil
verbiegen
verbogen
vom
vielleicht
der Vater

Wörter mit v

Ein ___ hat Flügel und einen Schnabel.
Blumen stehen in einer ___.
Um eine Wunde wickelt man einen ___.
Heller Pudding schmeckt oft nach ___.
Das Gegenteil von wenig ist ___.
___ haben meist lila Blüten.

Veilchen • Verband • Vanille • Vogel • viel • Vase

1 Schreibe die Rätselsätze mit den passenden Lösungswörtern.

Verben mit Wortbausteinen

Hänsel und Gretel haben sich im Wald ___ laufen.
Papa, kannst du mir eine Geschichte ___ lesen?
Tim darf der Klasse seine Katze ___ stellen.
Nach dem Streit haben sich Hannah
und Paula wieder ___ tragen.
Mama hat ___ sprochen, mit Tim ins Kino zu gehen.
Das Schiff ist im Meer ___ sunken.

2 Schreibe die Sätze mit den passenden Wortbausteinen ver oder vor.

Thematische Wortfelder

Lehrerin • Hose • Jacke • Maler
Lokführer • Mütze • Ärztin • Stiefel
Strümpfe • Mechaniker • Polizist
Krankenpfleger • Pullover • Hemd • Schal

1 Lies die Wörter. Welche zwei Wortfelder sind hier vermischt?

2 Lege eine Tabelle für beide Wortfelder an. Denke auch an die Überschriften. Schreibe die Wörter in die Spalten.

3 Suche für jedes Wortfeld noch vier neue Wörter.

Wörter trennen

Wörter trennen ist manchmal ganz schön schwierig.
Oft hilft es, wenn du die Silben sehr deutlich sprichst.
Das klappt aber nicht bei allen Wörtern.
Wenn ein Wort einen doppelten Mitlaut hat, darfst du meistens zwischen den beiden Buchstaben trennen.
Zum Beispiel: Kan-ne, Tas-se, Mut-ter, Wol-le, Son-ne.

4 Lies den Text.

5 Sprich den Text langsam und überlege, wo du trennen darfst. Klatsche die Silben.

6 Schreibe mindestens drei Sätze mit Trennstrichen auf.

Sport und Spiel

Paralympics

Die Paralympics sind ein Sportwettbewerb, bei dem Athleten und Mannschaften aus vielen Ländern gegeneinander antreten – so wie bei den Olympischen Spielen.

An den Paralympics nehmen nur Sportler und Sportlerinnen mit Behinderungen teil. Viele von ihnen sitzen in einem Rollstuhl, manchen fehlen Arme oder Beine, andere sind blind oder können sehr schlecht sehen.

Die Teilnehmer treten in vielen Sportarten gegeneinander an: beim Schwimmen, Radsport, Rollstuhlbasketball oder Blindenfußball.

Sport ist für alle Menschen wichtig.
Wie ist das bei euch im Sportunterricht?
Machen alle Kinder gerne mit?

Der schnellste Schwimmer der Welt

Es war einmal ein Pinguin, der saß in seinem Iglu und sah fern. Sie zeigten ein Sportfest: Menschen schwammen um die Wette. Ein Schwimmer stieg aus dem Wasser und bekam eine Medaille. Er war der Schnellste: 100 Meter in 1 Minute und 22 Sekunden.

Der Pinguin schüttelte den Kopf. Das schwamm sein Großvater mit einer Flosse! Der Sieger lachte in die Kamera und küsste seine Medaille. „Schnellster Schwimmer der Welt? Dass ich nicht lache!“, sagte der Pinguin.

Dann ging er ins Schlafzimmer, packte seinen Rucksack, verließ sein Haus und machte sich auf den Weg zum Sportfest. Nach zwei Tagen erreichte er die Sportspiele der Menschen. Es waren die „Olympischen Spiele“.

Der Pinguin ging geradewegs zum Wasserbecken nahm Aufstellung zwischen den anderen Wettkämpfern und gewann in Rekordzeit eine Goldmedaille. Die Menschen dachten, ihre Stoppuhren wären kaputt.

Nach einer halben Stunde wurde das Ergebnis verkündet. „Wegen Tragens unerlaubter Flossen wird der Pinguin disqualifiziert. Die Goldmedaille wird ihm aberkannt.“

Martin Baltscheit

Wie mag der Pinguin sich gefühlt haben?
Wie könnte die Geschichte weitergehen?

Das Spiel

Nach einer Steilvorlage von Jan Pörschke machte Lukas Kolanowski schon in der fünften Minute das erste Tor für die Rot-Weißen. Bis zur Halbzeit schaffte der FC nicht den Ausgleich, obwohl er einige gute Torchancen hatte. Auch die Anfeuerungen aus dem Fanblock brachten da nichts.

Aber gleich nach dem Seitenwechsel kam der FC in Form: Querpass vom stark spielenden Marco Butzek, Verlängerung von Roman Görtsch. Mit einem fantastischen Fallrückzieher gelang Nuri Süleman das 1 : 1.

Grelle Pfiffe erntete Dirk Waurich, als er Marco Butzek in der 55. Minute böse foulte. Die rote Karte von Schiedsrichter Tom Breising handelte er sich zu Recht ein. Den Strafstoß platzierte Roman Görtsch unhaltbar im oberen rechten Eck des Kastens von Andreas Radkowski, der in diesem Spiel sonst eine gute Figur machte.

Dann war die Luft leider auf beiden Seiten ziemlich raus, und die ersten Zuschauer begannen schon abzuwandern.

In vorletzter Minute aber verwandelte Jan Pörschke eine Ecke mit einem hervorragenden Kopfball. So endete dieses Heimspiel für den FC mit einem enttäuschenden 2 : 2.

1 Lies den Text. Von welchem Sport wird hier berichtet?

2 Welche Aufgabe hat Andreas Radkowski?

3 In dem Text kommen viele Fachbegriffe zum Fußball vor. Schreibt sie auf und erklärt sie.

Wo steht so ein Bericht? Erfinde eine passende Überschrift.

Großes Fußballturnier

1 Lest das Plakat und beantwortet die Fragen:
- Für welches Spiel wird hier Werbung gemacht?
- Welche Schulen spielen hier gegeneinander?
- Wann beginnt das Spiel?
- Wo findet das Spiel statt?
- Was kostet der Eintritt?

2 Schreibt die Fragen mit den Antworten auf.

3 Was wurde auf dem Plakat vergessen?

Gestaltet selbst ein Plakat
für ein wichtiges Ereignis.
Was muss alles darauf stehen?

Tausend Wünsche

„Puh, ist das warm. Wollen wir ins Schwimmbad?“,
fragt Vater. „Oh ja, toll!“, ruft Anna.
„Darf ich meinen kleinen Rucksack mitnehmen
und darf meine neue Freundin Julia mitkommen
und kaufst du uns wieder ein leckeres Eis
und gehen wir wieder auf das riesige Klettergerüst
und springst du wieder vom Fünfmeterbrett?“
„Das sind ja tausend Wünsche“, lacht Vater.
„Aber traust du dich denn auch ins Wasser?
Letztes Mal war es dir zu kalt.“

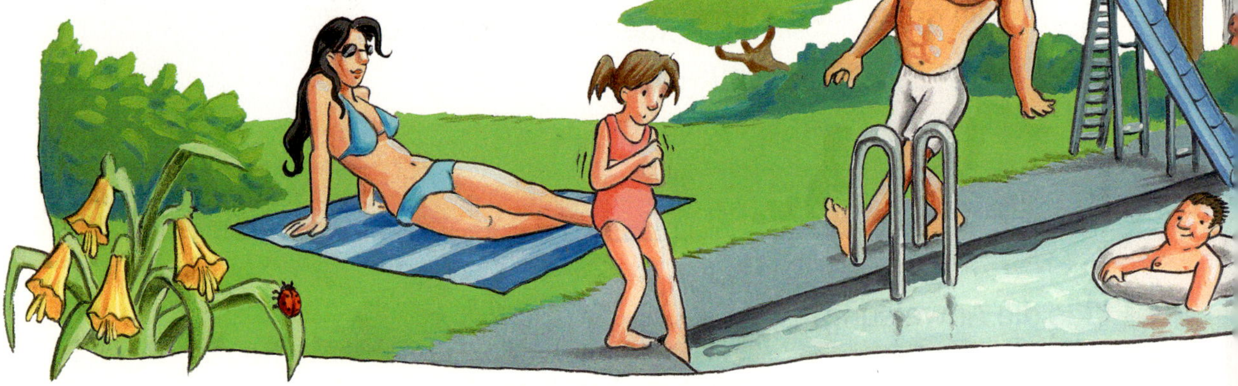

1 Lest den Text. Erzählt, was ihr im Schwimmbad erlebt habt.

2 Lege eine Tabelle an. Trage die markierten Wörter dort ein:

Nomen	Verben	Adjektive
Schwimmbad	fragt	warm
...	...	...

3 Suche selbst fünf Nomen, fünf Verben und fünf Adjektive.
Ergänze die Tabelle.

Olympiade der Tiere

stark	stärker	am stärksten
hoch	höher	am höchsten
schnell	schneller	
laut		am lautesten
langsam		
tief		

1. Schreibe die grünen Adjektive untereinander auf.
2. Ergänze zu jedem Adjektiv beide Vergleichsstufen:
   stark, stärker, am stärksten
   hoch, höher, …

Hase, Leopard, Maus — Wal, Seehund, Delfin — Mücke, Hummel, Biene — Schlange, Schnecke, Regenwurm — Adler, Amsel, Schmetterling

fliegt • rennt • summt • kriecht • taucht

hoch • schnell • laut • langsam • tief

Schreibe Sätze zu den Tieren. Benutze Vergleichsstufen.

Merksatz

Mit Adjektiven kann man vergleichen:
Der Floh springt hoch.
Der Frosch springt höher.
Das Känguru springt am höchsten.

Rechtschreibtraining

Es ist heiß, mindestens dreißig Grad.
Die Spieler auf dem Fußballfeld haben rote Köpfe.
Schweiß fließt über jede Stirn. Sie können kaum noch kämpfen.
Keiner schießt ein Tor. Da, der Pfiff, Ende.

Übungswörter

heiß
dreißig
der Fußball
die Köpfe
der Schweiß
fließen
er fließt
kämpfen
schießen
er schießt
der Pfiff

Wörter mit ß

Schoß • Gruß • begrüßen • Fußball
Spaß • fleißig • verschließen • gießen
süß • groß • Straße • einigermaßen
bloß • Grießbrei • außerdem • heiß

1. Ordne die Wörter in jeder Zeile nach dem ABC. Markiere in jedem Wort das ß: begrüßen, …

Wörter mit pf

Wenn Pfarrer drei Pfund Pflaumen drücken,
wenn Pfleger kranke Kinder pflücken,
wenn Pferde durch die Pfützen dampfen,
wenn Pfirsichsuppen köstlich stampfen,
und Ärzte schimpfen,
statt zu impfen,
dann ist das zwar ein Gedicht,
aber sinnvoll ist es nicht.

2. Schreibe alle Wörter mit Pf oder pf auf. Markiere Pf und pf.
3. Tausche die Reimwörter so, dass das Gedicht Sinn ergibt.

Nomen, Verben, Adjektive

Heute regnet es.
M

Die Kinder gehen in die neue Sporthalle.
S A F P

Sie bestaunen den glatten Schwingboden
C R O

und die weichen, blauen Wandpolster.
E U R

Damit alles so schön und sauber bleibt,
D E H

laufen sie hier nur in Turnschuhen.
T T

1 Suche alle Nomen.
Schreibe die Buchstaben darunter der Reihe nach auf.
Mache dann das Gleiche mit den Verben und
danach mit den Adjektiven. Du erhältst einen Satz.

Adjektive: Vergleichsstufen

klein • groß • dünn • dick • schwach • weich • warm

2 Schreibe diese Adjektive mit ihren Vergleichsstufen:
klein, kleiner, am kleinsten,
...

Im Sommer

Die Sonne ist ein Lutschbonbon

Die Sonne ist ein Lutschbonbon –
schmeckt sicher nach Zitrone!
Doch leider hab ich nichts davon,
weil ich hier unten wohne …

Georg Bydlinski

Mache jemandem eine Freude:
Trage das Gedicht vor oder
gestalte ein Schmuckblatt.

Eine Erfrischung

Ich hab mich im Garten auf die Wiese gelegt.
Ich wollte nämlich gerne braun werden.
Da hat nebenan plötzlich Opa Kleefeld
seinen Kopf über die Terrassenmauer gesteckt.
„Hallo, hallo", hat er gesagt. „Ist dir nicht zu heiß so?"
Und da hab ich überhaupt erst gemerkt, dass es
in unserem Garten so warm war wie in Afrika.
Mindestens.

„Wenn ihr wollt, könnt ihr zu uns rüberkommen",
hat Opa Kleefeld geheimnisvoll gesagt.
„Wir haben eine kleine Überraschung vorbereitet."
Ich hab gedacht, dass ich eigentlich nicht schon wieder
ein Eis brauche, aber dann habe ich doch Tieneke und Fritzi
und Jul abgeholt und wir sind zu Opa Kleefeld gegangen.
Und da war die Erfrischung überhaupt kein Eis und auch
keine kalte Cola, sondern Opa Kleefelds Rasensprenger!

Den hatte er mitten auf seinen Rasen gestellt,
und als er den Wasserhahn angedreht hat,
hat der Sprenger angefangen sich zu drehen.
Der Wasserstrahl ist immer im Kreis rumgesaust,
damit der ganze Garten nass werden konnte.

Und wir haben auch ordentlich was abgekriegt.
Wir sind immer mitten durch den Strahl gelaufen,
und man kann überhaupt nicht glauben,
wie kalt das Wasser war.

Kirsten Boie

Was findest du im Sommer besonders schön?

Klitzekleine Schnecke

1 Sprecht den Rap.

2 Denkt euch passende Handbewegungen aus.

Gesprächskreis zur Schnecke

1 Lest das Gespräch.

2 Worauf muss man achten, wenn man über ein Thema spricht?

Sommerwörter

1. Schau dir die Bildwörter an.
2. Erfinde eigene Bildwörter. ⟶ **Tipp**

Erfinde ein ganzes Bildwörter-Bild.

Tipp

Wellen, Sandburg, Sonnenschirm, Ball, Regen, Blitz

Einladung zum Sommerfest

1. Lest Fatmas Einladung zum Sommerfest.
Warum hat sie bestimmte Wörter markiert?

2. Schreibe eine Einladung zu einem Picknick.
Wen möchtest du einladen?
Denke an Anrede, Grund der Einladung, Datum, Uhrzeit, Ort und Unterschrift. ⟶ **Tipp**

Tipp

- im Schlosspark • am Klettergerüst
- 18. Juni • 15.00 Uhr
- Teller und Besteck mitbringen

Auf der Sommerwiese

Lena und Jonas

Lena und Jonas spielen.

Lena und Jonas spielen gerne.

Lena und Jonas spielen gerne zusammen.

Lena und Jonas spielen gerne zusammen Federball.

1. Lies den Treppensatz.
2. Schreibe jedes Satzglied auf einen Zettel. Schreibe in unterschiedlichen Farben.
3. Stelle die Satzglieder um und schreibe neue Sätze auf. Findest du auch eine Frage?

Denke dir einen Satz zum Bild auf Seite 148/149 aus. Stelle ihn zweimal um.

Merksatz

Ein Satz besteht aus mehreren Satzgliedern.
Du kannst Satzglieder umstellen und verschiedene Sätze bilden:
Lena und Jonas spielen gerne zusammen.
Zusammen spielen Lena und Jonas gerne.

Unter der Lupe

die kinder aus tims klasse sind heute naturforscher
sie schauen sich mit ihren lupen ein stückchen wiese
an sie sehen pflanzen mit unterschiedlichen blättern,
lange halme von gräsern und bunte blüten

dazwischen krabbeln und kriechen allerlei tiere
herum manche sind so klein wie ein stecknadelkopf
die kinder staunen die wiese sieht unter der lupe
wie ein kleiner dschungel aus

1 Lies den Text langsam.

2 Lies den Text noch einmal.
Überlege, wann ein Satz zu Ende ist.

3 Schreibe nur den schwarzen **oder** den ganzen Text richtig auf.
Setze Punkte. Schreibe alle Nomen und Satzanfänge groß.
Insgesamt sind es drei braune und vier grüne Sätze.

4 Markiere die großen Buchstaben der Satzanfänge gelb.
Markiere die großen Buchstaben der Nomen blau:
Die Kinder aus Tims Klasse ...

Schnecke oder Küken?

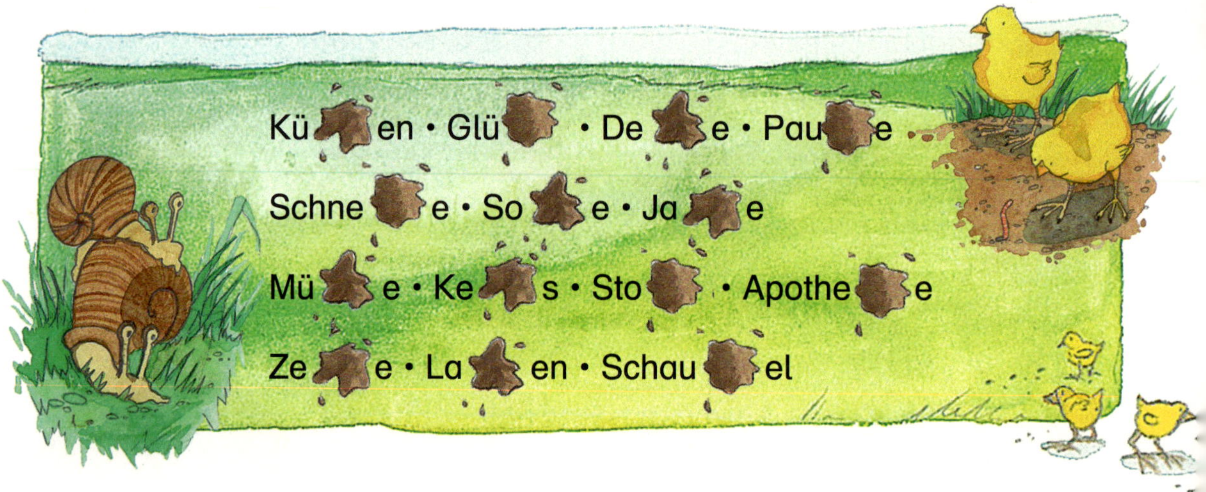

1 Sprich die Wörter. Klingt der erste Selbstlaut lang oder kurz?

2 Lege eine Tabelle an. Schreibe die Wörter hinein:

ck	k
Glück	Küken
…	…

quaken	eckig	Socke
H	fl	Fl

backen	strecken	pieken
h	w	qu

3 Schreibe die Reimwörter.
Markiere die Selbstlaute vor ck und k:
backen – hacken, …

Schreibe mindestens ein Verb aus Aufgabe 3 in allen Personalformen: ich …, du …

Jonas backt

Jonas backt einen Kuchen für das Sommerfest. Es soll ein Kuchen mit sechs Pfirsichen werden. Jonas liest im Backbuch. Er möchte alles richtig machen. Zuerst sucht er alle Zutaten. Dann rührt er den Teig. Er gibt noch etwas Milch in die Schüssel, damit der Kuchenteig nicht so fest ist. Er streicht den Teig vorsichtig in die Backform. Dann drückt er die Pfirsiche hinein. Gut, dass der Ofen schon richtig heiß ist! Danach macht Jonas die Küche wieder sauber. Das hat er seinen Eltern versprochen.

1 Lies den Text.

2 Sprich die roten Wörter. 
Hörst du ein ch wie bei oder ein ch wie bei  ?
Ordne die Wörter in eine Tabelle:

ch wie 	ch wie 	ch wie 
Pfirsich	Kuchen	sechs
…	…	…

3 Ordne auch diese Wörter in die Tabelle.

sprechen • kriechen • die Eidechse • die Schicht
der Fuchs • der Knochen • kochen • reich • wachsen
wichtig • acht • gleich • der Ochse • danach

Rechtschreibtraining

Die Kinder in der Schule feiern ein Sommerfest.
Tim war schon sackhüpfen. Nun möchte er ein Stück Kuchen essen.
Fatma hört einer Geschichte von einem Drachen zu.
Lena schleckt ein Schokoladeneis. Es schmeckt richtig lecker!

Wörter mit ck und k

die Jacke • der Nacken • der Haken
schrecklich • knacken • wecken
jucken • nicken • schicken
der Fleck • dreckig • trocken

1 Lies die Wörter.

2 Lass dir die Wörter diktieren.
Achtung: Ein Wort hat kein ck.

Satzglieder

nachts | trifft | Tinto | im Garten | andere Katzen.

3 Schreibe jedes Satzglied auf einen Zettel.
Schreibe jedes Satzglied in einer anderen Farbe.

4 Lege mit allen Satzgliedern unterschiedliche Sätze.
Schreibe die Sätze auf. Denke daran, Satzanfänge großzuschreiben.

Übungswörter

der Sack
mögen
er möchte
das Stück
der Kuchen
die Geschichte
der Drache
schlecken
sie schleckt
schmecken
es schmeckt
richtig
lecker

Großschreibung von Nomen und Satzanfängen

in den sommerferien fährt tim mit papa
nach holland seinen koffer hat tim schon
gepackt es fehlen nur noch seine hausschuhe
und der waschbeutel am meisten freut sich
tim auf das meer dort spielt er am
liebsten im wasser tinto muss zu hause
bleiben mama versorgt den kater gut

1 Lies den Text. Überlege, wann ein Satz zu Ende ist.

2 Schreibe den Text richtig auf. Setze Punkte.
Schreibe alle Nomen und Satzanfänge groß.
Insgesamt sind es sieben Sätze.

3 Markiere die großen Buchstaben
bei Nomen und am Satzanfang:
In den Sommerferien …

Wörter mit ch

Licht • Teich • Gesicht • Woche • Kuchen • Sache
suchen • lachen • fauchen • sprechen • krachen • riechen
schlecht • prächtig • richtig • glücklich • deutlich • wichtig

4 Sortiere die Wörter mit ch nach Wortarten:
Nomen: das Licht, …
Verben: …
Adjektive: …

Feste der Welt

I hear them

Text und Musik: traditionell

Willkommen schöne Osterzeit

Willkommen, schöne Osterzeit,
Natur trägt jetzt ihr Frühlingskleid,

blütengelb und birkengrün,
am Bach die Weidenkätzchen blühn,

während wir daheim im Garten
auf den Osterhasen warten.

Margot Litten

Das große Quiz

Die Schule beginnt

OMAAALSEEESELZOOOPA. Wie viele Nomen sind das?

C 4 | Ö 5 | D 6

An wievielter Stelle im ABC steht der Buchstabe X?

A 24. | S 25. | D 26.

Auf dem Markt

Was will Frau Schröder mit der 2 b kochen?

A Apfelmus | S Gemüsesuppe | O Erbsensuppe

Welches Wort ist ein Artikel?

M nie | V sie | I die

Meine Familie

Wer kocht mit Max und Julia?

S Papa | X Mama | G Oma

„Lena, komm endlich an den Tisch …“ Dieser Satz ist

V eine Frage. | T ein Ausruf. | D eine Aussage.

In der Bücherei

Was stopft der Hase Ernest dem Fuchs in den Rachen?

Z eine Möhre | A ein Buch | B einen Teller

Welches Wort ist ein Verb?

C lustig | G plötzlich | L lesen

Im Winter

Wozu wurde Frosch von seinen Freunden eingeladen?

H Schlittenfahrt | L Schneeballschlacht | I Eislaufen

Wer hinterließ „krickel krackel Grüße“?

K ein Eichhörnchen | O ein Fuchs | E ein Vogel

Riesen

Wer hat das Gedicht „Waldmärchen“ verfasst?

P Abendstern | S Morgenstern | A Polarstern

Adjektive haben Gegensätze. Der Gegensatz von „zart“ ist

F dumm. | G kräftig. | N riesig.

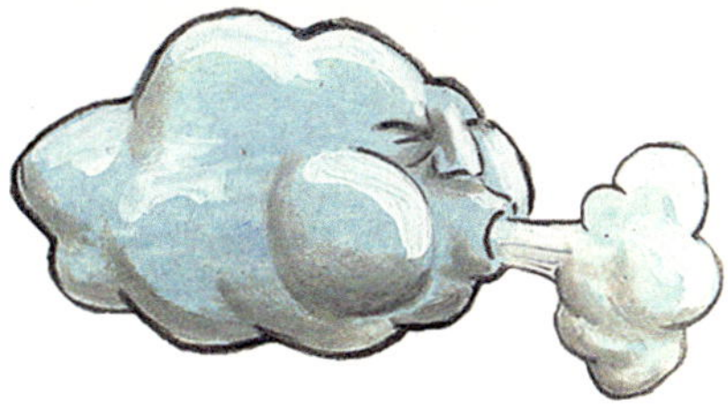

Auf leisen Pfoten

Neugeborene Kätzchen können schon

B hören und sehen. G rennen und springen. A riechen und saugen.

Welches Tier gibt es wirklich?

L Buckelameise R Regenspinne N Holzwurm

Vom Fliegen

Was bedeutet dieses Bild auf einem Flughafen?

Ü Ankunft U Vorsicht Flugzeuge! Z Abflug

Das kleine Vögelchen Jaco lernt fliegen mit Hilfe

D eines Luftballons. R eines Fallschirms. A eines Propellers.

Mein Fahrrad

Wie heißt der Polizist, der die Fahrräder kontrolliert?

T Herr Stamm I Herr Wurzel J Herr Ast

Welches Wort passt in das Wortfeld „Fahrzeuge"?

W Motor C Roller Q Straße

Sport und Spiel

Welches Wort ist ein Adjektiv?

O gestern L geben H glücklich

Der Pinguin erreicht die Sportspiele der Menschen. Sie heißen

C Hockeymeisterschaften. T Olympische Spiele. N Fußball.

Im Sommer

Wie wird ein Gänseblümchen noch genannt?

I Sonnentürchen S Mondtürchen B Himmelstürchen

Getrocknetes Gras nennt man

S Wiese. F Weide. G Heu.

1 Schreibe die Lösungsbuchstaben nacheinander auf. Sie ergeben einen Lösungssatz.

Wörterliste

Aa

abholen
acht
alt
die **Ameise**, die Ameisen
der **Apfel**, die Äpfel
der **April**
auf
das **Auge**, die Augen
der **August**
außen
das **Auto**, die Autos

Bb

der **Bäcker**, die Bäcker
die **Banane**, die Bananen
der **Bär**, die Bären
der **Bauch**, die Bäuche
das **Bett**, die Betten
die **Beute**
biegen, sie biegt
die **Biene**, die Bienen
das **Bild**, die Bilder
bis
die **Blume**, die Blumen
böse
boxen, er boxt
brav
das **Brot**, die Brote
das **Brötchen**, die Brötchen
die **Brücke**, die Brücken
das **Buch**, die Bücher
die **Burg**, die Burgen
die **Butter**

Cc

der **Computer**, die Computer

Dd

das **Dach**, die Dächer
der **Dackel**, die Dackel
dann
der **Deckel**, die Deckel
der **Dezember**
der **Dieb**, die Diebe
der **Dienstag**, die Dienstage
der **Dinosaurier**, die Dinosaurier
der **Donnerstag**, die Donnerstage
die **Dose**, die Dosen
der **Drache**, die Drachen
drei
dreißig
dumm
dürfen, er darf

Ee

eckig
das **Ei**, die Eier
die **Eichel**, die Eicheln
das **Eichhörnchen**, die Eichhörnchen

die **Eidechse**, die Eidechsen
eilen
einfach
eins
der **Elefant**, die Elefanten
die **Erbse**, die Erbsen
erzählen, sie erzählt
essen, er isst
die **Eule**, die Eulen
der **Euro**, die Euros
extra

Ff

fahren, er fährt
das **Fahrrad**, die Fahrräder
fallen, es fällt
fangen, sie fängt
der **Februar**
fein
das **Fenster**, die Fenster
die **Ferien**
der **Fernseher**, die Fernseher
das **Feuer**, die Feuer
der **Fisch**, die Fische
die **Fliege**, die Fliegen
fliegen, er fliegt
fließen, er fließt
der **Flug**, die Flüge
das **Flugzeug**, die Flugzeuge
die **Frau**, die Frauen
der **Freitag**, die Freitage
fressen, sie frisst
freuen, er freut sich
die **Freundin**, die Freundinnen
der **Frosch**, die Frösche
der **Fuchs**, die Füchse
fünf
der **Fußball**, die Fußbälle

Gg

ganz
der **Garten**, die Gärten
geben, sie gibt
das **Geld**, die Gelder
genießen, er genießt
gerade
die **Geschichte**, die Geschichten
das **Gesicht**, die Gesichter
gestern
die **Giraffe**, die Giraffen
das **Gold**
goldig
die **Gurke**, die Gurken

Hh

das **Haar**, die Haare
der **Haken**, die Haken
hässlich
das **Heft**, die Hefte
heiß
heißen, er heißt
hell
hervor
heute
die **Hitze**
hoch
holen, er holt

das **Huhn**, die Hühner
der **Hund**, die Hunde

Ii

der **Igel**, die Igel
ihm
ihn
ihr
immer

Jj

der **Jäger**, die Jäger
der **Jaguar**, die Jaguare
der **Januar**
der **Juli**
der **Juni**

Kk

der **Käfer**, die Käfer
der **Kaktus**, die Kakteen
kämpfen, sie kämpft
kaputt
der **Käse**
die **Kasse**, die Kassen
der **Kater**, die Kater
die **Katze**, die Katzen
kaufen, er kauft
der **Keller**, die Keller
der **Kescher**, die Kescher
das **Kind**, die Kinder
kitzeln, es kitzelt
klug
der **Knochen**, die Knochen
der **König**, die Könige
können, er kann
der **Kopf**, die Köpfe
der **Korb**, die Körbe
kratzen, sie kratzt
der **Kuchen**, die Kuchen
die **Kundin**, die Kundinnen

Ll

langsam
laufen, sie läuft
leben, er lebt
lecker
leer
lesen, er liest
die **Leute**
lieb
lieben, er liebt
lustig

Mm

der **Mai**
der **Mann**, die Männer
der **März**
die **Maus**, die Mäuse
das **Messer**, die Messer
der **Mittwoch**, die Mittwoche
mixen, er mixt
mögen, er möchte
der **Mond**, die Monde

der **Montage**, die Montage
die **Musik**
der **Musikant**, die Musikanten
müssen, sie muss

Nn

nach
das **Nashorn**, die Nashörner
nass
nett
neu
neun
der **November**

Oo

der **Oktober**

Pp

die **Paprika**
das **Pferd**, die Pferde
der **Pfiff**, die Pfiffe
pflanzen, er pflanzt
die **Pflicht**, die Pflichten
die **Pfütze**, die Pfützen
das **Plakat**, die Plakate
der **Platz**, die Plätze
die **Prinzessin**, die Prinzessinnen
putzen, sie putzt

Qu qu

die **Qualle**, die Quallen
der **Qualm**
quellen, es quillt

Rr

das **Rad**, die Räder
das **Radio**, die Radios
das **Regal**, die Regale
der **Regenwurm**, die Regenwürmer
reif
richtig
der **Riese**, die Riesen
der **Roller**, die Roller
rund

Ss

der **Sack**, die Säcke
der **Saft**, die Säfte
der **Salat**, die Salate
der **Samstag**, die Samstage
der **Sand**, die Sande
der **Sarg**, die Särge
sauer
schauen, er schaut
die **Schaukel**, die Schaukeln
die **Schiene**, die Schienen
schießen, sie schießt
das **Schiff**, die Schiffe
schimpfen, er schimpft
schlagen, er schlägt

die **Schlange**, die Schlangen
schlecken, sie schleckt
der **Schlitten**, die Schlitten
das **Schloss**, die Schlösser
schmecken, es schmeckt
die **Schnecke**, die Schnecken
die **Schneeflocke**, die Schneeflocken
schnell
schön
die **Schule**, die Schulen
schweben, er schwebt
der **Schweiß**
schwimmen, sie schwimmt
sechs
der **September**
der **Sessel**, die Sessel
sie
das **Sieb**, die Siebe
sieben
sitzen, sie sitzt
die **Socke**, die Socken
sollen, sie soll
der **Sonntag**, die Sonntage
der **Specht**, die Spechte
der **Spiegel**, die Spiegel
das **Spiel**, die Spiele
spielen, es spielt
der **Spinat**
die **Spinne**, die Spinnen
der **Sport**
springen, sie springt
der **Stand**, die Stände
die **Stange**, die Stangen
staunen, sie staunt
stehen, sie steht
der **Stein**, die Steine
der **Stiefel**, die Stiefel
der **Stift**, die Stifte
der **Strauß**, die Strauße
das **Stück**, die Stücke

Tt

die **Tafel**, die Tafeln
täglich
die **Tasche**, die Taschen
die **Tatze**, die Tatzen
der **Teller**, die Teller
teuer
der **Text**, die Texte
tief
das **Tier**, die Tiere
der **Tiger**, die Tiger
der **Tisch**, die Tische
toll
die **Tomate**, die Tomaten
die **Torte**, die Torten
tragen, sie trägt
trocken

Uu

über
um
der **Umschlag**, die Umschläge

Vv

die **Vase**, die Vasen
der **Vater**, die Väter
das **Ventil**, die Ventile
das **Verb**, die Verben
der **Verband**, die Verbände
verbiegen, er verbiegt
verflixt
vergessen, sie vergisst
der **Verkehr**
verlieren, ich verliere
viel
vier
voll
vom
von
vor
das **Vorderrad**, die Vorderräder
die **Vorfahrt**
vorlesen, ich lese vor
vorne
der **Vulkan**, die Vulkane

Ww

die **Waffel**, die Waffeln
der **Wagen**, die Wagen
der **Wald**, die Wälder
das **Wasser**
weg
wissen, sie weiß
der **Witz,** die Witze
wollen, er will

Xx

die **X-Beine**
das **Xylofon**, die Xylofone

Yy

der **Yeti**, die Yetis

Zz

zehn
zeigen, er zeigt
die **Ziege**, die Ziegen
zwei
der **Zweig**, die Zweige
der **Zwerg**, die Zwerge

Inhaltsverzeichnis

Lerninhalte

Kapitel	Lesen	Sprechen
Die Schule beginnt 	• Bilder ansehen und Texte lesen: S. 6 • Fragen zum Text beantworten: S. 7	• Gesprächsregeln entwickeln und beachten: S. 8
Auf dem Markt 	• Richtige Aussagen erkennen: S. 20 • Gedicht lesen und vortragen: S. 21	• Andere zu etwas auffordern: S. 22
Meine Familie 	• Unterschiedliche Texte lesen: ein Gedicht: S. 32, einen Erzähltext: S. 33 • Informationen im Text finden: S. 34	• In anderen Sprachen sprechen: S. 35 • Konflikte besprechen: S. 36
In der Bücherei 	• Unterschiedliche Texte lesen: einen Erzähltext: S. 46, einen Erzähltext: S. 47 • Leseerwartungen formulieren: S. 48 • Bilder zum Textverständnis nutzen: S. 49	• Über ein Gespräch nachdenken: S. 50
Im Winter 	• Unterschiedliche Texte lesen: ein Lied: S. 60, einen Erzähltext: S. 61 • Texte genau lesen: ein Gedicht: S. 62 • Sich in jemanden hineinversetzen: S. 63	• Erlebnisse erzählen: S. 64
Riesen 	• Unterschiedliche Texte lesen: ein Gedicht: S. 74, einen Erzähltext: S. 75 • Zentrale Aussagen eines Textes erfassen: S. 76–77 • Reimpaare finden: S. 78	• Erlebnisse und Geschichten erzählen: S. 79
Auf leisen Pfoten 	• Unterschiedliche Texte lesen: ein Gedicht: S. 90, einen Erzähltext: S. 91 • Gedanken und Gefühle zu Texten äußern: S. 92 • Informationen in Medien suchen: S. 93	• Arbeitsergebnisse präsentieren: S. 94–95
Vom Fliegen 	• Texte und Bilder zuordnen: S. 106 • Texte ohne Sätze lesen: eine Anzeigetafel: S. 107 • Schilder lesen: S. 108	• Zuhören und Rückmeldungen geben: S. 109
Mein Fahrrad 	• Das Ende einer Geschichte erklären: S. 120 • Sprachrätsel lösen: S. 121	• Fachbegriffe verwenden: S. 122 • Einen Vorgang genau beschreiben: S. 123
Sport und Spiel 	• Unterschiedliche Texte lesen: einen Informationstext: S. 134, einen Erzähltext: S. 135 • Fachtexte lesen: S. 136 • Ein Plakat lesen: S. 137	• Ein Gedicht passend betonen: S. 138 • Gespräche vergleichen: S. 139
Im Sommer 	• Unterschiedliche Texte lesen: ein Gedicht: S. 150, einen Erzähltext: S. 151 • Dialogische Texte erlesen: S. 152 • Unterschiedlichen Texten Informationen entnehmen: S. 153	• Stimme und Gestik einsetzen: S. 154 • Über ein Thema sprechen: S. 155
Feste der Welt 	• Gedichte und Lieder kennen: S. 166–169	

TINTO 2

Meine Grammatiktafel

Sätze

Name:

Merksatz

Das erste Wort in einem Satz schreiben wir groß.
Am Satzende steht oft ein Punkt: **Die Schule ist aus.**

Merksatz

Aussagesätze erzählen, was geschieht.
Am Ende eines Aussagesatzes steht ein Punkt:
Es ist Herbst.

Merksatz

Am Ende einer Frage steht ein Fragezeichen:
Wie viele Kastanien hast du?

Merksatz

Nach einem Ausruf kann ein Ausrufezeichen stehen:
Fatma, bring den Müll raus!

Merksatz

Ein Satz besteht aus mehreren Satzgliedern.
Du kannst die Satzglieder umstellen
und verschiedene Sätze bilden:

Die Amsel baut ihr Nest in der Hecke.
In der Hecke baut die Amsel ihr Nest.

Cornelsen
ISBN 978-3-06-080145-9

Nomen

Merksatz

Menschen haben einen Namen, Tiere, Pflanzen und Dinge auch.
Diese Wörter nennt man Nomen (Substantive).
Man schreibt sie groß:
Lehrerin, Fisch, Rose, Kreide

Merksatz

Nomen gibt es in der Einzahl und in der Mehrzahl:
ein Apfel – mehrere Äpfel
eine Banane – mehrere Bananen
ein Messer – mehrere Messer

Merksatz

Nomen können Artikel (Begleiter) haben:
der Polizist, **die** Ampel, **das** Taxi

Merksatz

Es gibt bestimmte Artikel (**der**, **die**, **das**)
und unbestimmte Artikel (**ein**, **eine**):
der Tag – **ein** Tag, **die** Woche – **eine** Woche, **das** Jahr – **ein** Jahr

Merksatz

Nomen, die aus mehreren Wörtern zusammengesetzt werden,
nennt man zusammengesetzte Nomen (Substantive):
See + Räuber = Seeräuber

Verben

Merksatz

Wörter, die sagen, was man tut oder was geschieht,
nennt man Verben:
rühren, schreiben, regnen

Adjektive

Merksatz

Wörter, die sagen, wie etwas ist, nennt man Adjektive:
rot, alt, saftig

Merksatz

Mit Adjektiven kann man vergleichen:
Der Lastwagen ist **hoch**.
Der Bagger ist **höher**.
Der Kran ist **am höchsten**.

Buchstaben

Merksatz

Die Buchstaben **A**, **E**, **I**, **O** und **U** nennt man Selbstlaute (Vokale).
Alle anderen Buchstaben nennt man Mitlaute (Konsonanten).

Merksatz

Wenn du wissen willst, ob ein Selbstlaut lang oder kurz ist, sprich das Wort unterschiedlich aus: **Tag** oder **Tag**, **Nacht** oder **Nacht**?

Merksatz

Nach einem kurzen Selbstlaut stehen (mindestens) zwei Mitlaute:
M**ess**er, S**upp**e, Z**elt**, N**acht**, K**atz**e, S**ack**

Merksatz

Wörter bestehen aus Silben. Am Zeilenende kann man die Wörter zwischen den Silben trennen: **Ha-fen**, **Ka-pi-tän**
Doppelte Mitlaute trennt man zwischen den Mitlauten:
Was-ser, **Schif-fe** (*aber:* **Schiff-chen**)

Merksatz

Ein lang gesprochenes i wird fast immer ie geschrieben:
F**ie**ber, l**ie**gen, v**ie**r

Merksatz

Bei manchen Wörtern kannst du nicht hören, wie sie am Ende geschrieben werden. Dann musst du ein verwandtes Wort suchen.
Kin**d** gehört zu Kin**d**er, also mit **d**: **Kind** ←d→ **Kinder**
Stau**b** gehört zu stau**b**ig, also mit **b**: **Staub** ←b→ **staubig**
Kru**g** gehört zu Krü**g**e, also mit **g**: **Krug** ←g→ **Krüge**

Merksatz

Zu fast jedem Wort mit ä oder äu gibt es ein verwandtes Wort mit a oder au: W**ä**rme ←ä→ w**a**rm, Str**äu**cher ←äu→ Str**au**ch